AMPHITHÉÂTRE DES SCIENCES MORTES

PÉLADAN

LA SCIENCE DE L'AMOUR

PARIS

ALBERT MESSEIN, ÉDITEUR

SUCCESSEUR DE LÉON VANIER

19, QUAI SAINT-MICHEL, 19

1911

La Science de l'Amour

TEXTES CHOISIS DE LÉONARD DE VINCI

Pensées, Théories, Préceptes, Fables et Facéties, traduits en français pour la première fois dans leur ensemble et mis en ordre méthodique. 1 vol. in-18, 1907. Couronné par l'Académie Française (prix Charles Blanc). (Mercure de France).

LES MANUSCRITS DE LÉONARD DE VINCI

Les XIV manuscrits de l'Institut de France (*Extraits et Commentaires*). 1 vol. in-18, 1909. (Sansot).

LA DERNIÈRE LEÇON DE LÉONARD DE VINCI
A SON ACADÉMIE DE MILAN

Précédée d'une Etude sur le Maître, 2ᵉ édition. (Sansot).

LA PHILOSOPHIE DE LÉONARD DE VINCI
D'APRÈS SES MANUSCRITS

(*Bibliothèque de philosophie contemporaine*, Félix Alcan).

TRAITÉ
DE LA PEINTURE DE LÉONARD DE VINCI

Traduit intégralement pour la première fois en français sur le Codex Vaticanus (Urbinas) 1270, complété par de nombreux fragments tirés des manuscrits du Maître, ordonné méthodiquement et accompagné de commentaires par **PÉLADAN**.

Ouvrage orné de 40 figures démonstratives de l'édition princeps et de 100 dessins esthétiques d'après les clichés d'ALINARI, BROGI et FUMAGALLI. 1 vol. in-8 raisin de 248 pages. (Charles Delagrave).

L'ART IDÉALISTE & MYSTIQUE

Précédé de la **Réfutation esthétique de Taine**. 1 vol. in-18. SANSOT, 1911.

HÉBERT
Sa Vie — Son Œuvre et son Temps

d'après sa correspondance intime et des documents inédits

Ouvrage de grand luxe in-4º, avec 12 reproductions hors texte en héliogravure et 48 reproductions hors texte en héliotypie et de nombreux fac-similés dans le texte. (Charles Delagrave).

PÉLADAN

Amphithéâtre des Sciences mortes

La Science
de l'Amour

PARIS

ALBERT MESSEIN, ÉDITEUR
SUCCESSEUR DE LÉON VANIER
19, QUAI SAINT-MICHEL, 19

1911

AU PRINCE JEAN DE TOKARY,

TOKARZEWSKI, KARASZEWICZ.

Mon cher Prince,

*Que le descendant des anciens souverains de Li-
thuanie accepte ici le salut, que j'adresse au jeune
homme qui cherche déjà la sagesse et demande au
savoir le décor de sa vie : à l'ami de mon œuvre, qui
de son château de Podolie m'a mandé son suffrage,
et qui veut devenir mon traducteur en la langue
polonaise.*

*J'étais bien petit, quand ma mère me parlait de
ces exilés aux nobles visages, aux belles barbes, qui
pleuraient, en répétant « Pauvre Varsovie » ! En
1871, mon imagination d'écolier se souvint de ces polonais qui faisaient la lamentation sur leur patrie : et
chaque fois, que j'ai franchi la frontière de l'Est,
pour recevoir la leçon de Bayreuth ou affirmer à
Strasbourg et à Mulhouse, la superexcellence de la
langue française, toujours, me sont apparus comme
un chœur d'Eschyle, ces sublimes pleureurs de patrie
perdue.*

1

En 1854, mon père, le chevalier Adrien Peladan, publiait la Russie au ban de l'univers et du catholicisme où il invoquait le droit des races, contre la brutalité des faits.

Votre dessein de me traduire en polonais, répond, Vous le voyez, à une ancienne et très vive prédilection.

L'homme-lige du Verbe a des parentés spirituelles : et la Pologne héroïque, qui sauva l'Occident de la conquête ignominieuse de l'Islam, la Pologne admirable d'aujourd'hui, qui oppose l'âme de ses enfants aux tortures de l'instituteur allemand et aux fouets du Cosaque, cette Pologne est la sœur de toute âme latine. Ne porte-t-elle pas les couleurs occidentales et romaines, en face de la mongolie russe et du luthérianisme prussien ?

On chercherait en vain, dans l'Empire des Tzars, une cathédrale de Wawel, une chapelle des Sigismond, une université de Cracovie où dès le XVᵉ siècle, une noblesse humaniste parlait latin.

Comme culture, comme croyance, la Pologne est notre sœur ; et quel homme méditerranéen ne l'aimerait, formant des vœux ardents pour sa résurrection.

L'avenir est prom à la race qui garde sa langue et sa foi, malgré les fers.

Au dernier souffle de Jésus expirant, le formidable empire des Césars vacilla, la vague de justice qui passe d'un cycle à l'autre, sur ce monde, venge les martyres.

Les deux tyrans qui maintiennent dans les supplices, comme Kratos et Bia, la Prométhéenne Pologne, sont sous la main de l'Ananké prochaine; car c'est une fatalité que Thémis apparaisse dans toutes les annales.

Vous qui daignez être mon disciple, Vous ne doutez pas que la Providence, invisible dans la vie individuelle, régit étroitement celle des nations. Le sang des polonais crie vengeance, et les Euménides célestes sont peut-être déjà prêtes.

Au seuil de ce livre pacifique, je ne veux que confirmer la légitime espérance de ceux qui ont tant souffert pour la justice; et revenant à moi-même me féliciter, qu'un prince de la chère race soit un tenant de mon œuvre et la juge digne de son peuple.

Ceux, qui comme Vous portent le glorieux poids d'un passé historique, ont le devoir de donner à leur accomplissement des soins non pareils, afin que si la Providence, en un de ses coups surprenants, les appelait à une mission, ils fussent prêts. Vous le seriez, mon cher Prince.

Qu'est-ce qu'une œuvre qui ne peut pas s'intituler de la miséricorde?

J'ai tenté sans cesse de relever les défaillants, d'échauffer les tièdes, d'affermir les caractères et de bercer les douloureux; mais je n'ai jamais tant souhaité d'y réussir que par les traductions que Vous avez faites: puissent mes œuvres être un réconfort et un dictame pour Votre race.

Quand on rencontre, dans le monde, une femme slave dont le bel enthousiasme vibre à toute noblesse, ce n'est pas une russe, c'est toujours une polonaise.

Combien il me plairait de penser que, par la vertu de Votre nom, les dames de Pologne liront ce livre de droite pensée et qui associe, en un même vœu d'idéal catholique et latin, le descendant des grands ducs lithuaniens et le fidèle chevalier de ce Saint-Graal, symbole de Vos aspirations comme des miennes ; et en la foi duquel, je me dis votre véritablement affectionné.

PÉLADAN.

Paris, 23 avril 1911.

PRÉFACE

—

Annoncé en 1898, comme le septième traité de *l'Amphithéâtre des sciences mortes*, *La science de l'Amour* ne paraît qu'en 1911.

Pour traiter de l'individualisme (1), de la féerie (2), de l'aristie (3), de la politique (4), de l'ésotérisme religieux (5) et de la logique (6), il y a des guides et des modèles.

Il n'y en a pas pour rapprocher ces deux mots « Science » et « Amour » (7).

Amphithéâtre des sciences mortes.

(1) COMMENT ON DEVIENT MAGE (éthique), 1891.
(2) COMMENT ON DEVIENT FÉE (érotique), 1892.
(3) COMMENT ON DEVIENT ARTISTE (esthétique), 1894.
(4) LÉ LIVRE DU SCEPTRE (politique), 1895.
(5) L'OCCULTE CATHOLIQUE (mystique), 1898.
(6) TRAITÉ DES ANTINOMIES (métaphysique), 1901.
(7) LA SCIENCE DE L'AMOUR, 1911.

En Préparation

—

TRAITÉ D'INDIVIDUALISME

La science étudie le phénomène et coordonne ses observations pour aboutir à une loi sérielle. Le phénomène amoureux, malgré la prodigieuse quantité des observations, n'a donné lieu qu'à des déterminismes incertains.

Avant d'exposer la conduite de ce discours il y a lieu d'expliquer le sur-titre de la série.

Cela sera plus sincère que de le sacrifier à l'humeur de quelques-uns.

L'appellation de « Sciences mortes » convient à celles qui furent privilégiées et florissantes, avant notre ère et en Orient.

L'homme ne possède qu'une force d'application limitée. Il l'emploie, à son gré, à la réalisation pratique ou à la conception pure.

En attribuant aux sacerdoces d'autrefois, une connaissance proforde et subtile de l'âme et des phénomènes intérieurs, on tire une conclusion rigoureuse des livres sacrés ou initiatiques.

Une science ne meurt point : l'humanité n'oublie rien de ce qui lui est essentiel.

Toutefois, des transformations radicales se produisent, et les noms consacrés ne nomment plus. La Salpêtrière ne restaure nullement le temple d'Asclepios ; le médium des expériences spirites ne saurait passer pour un avatar de la Pythie. La Psychiâtrie ne renove pas la méde-

cine du double des vénérables égyptiens, non
plus que le fakir ne succède à un thaumaturge,
comme Apollonius de Thiane.

Des sciences se sont métamorphosées : on
les retrouverait en écartant les nouvelles termi-
nologies ; comme on aperçoit, dans les nuages
du socialisme, des reflets de l'Evangile.

Une science véritable ne se perd pas, puisqu'elle constate un phénomène permanent, qui
en constitue la matière : elle change de nom, en
gardant son objet. Tandis que les époques spi-
ritualistes étendent démesurément le déterminisme transcendental, les temps materialistes
changent les pancartes et appellent physiologie l'ancien patrimoine de Psyché.

Il existe un phénoménisme intermittent, aux
manifestations rares et intempestives, dont la
Révélation fait hommage à Dieu et à ses saints
ou à Satan et à ses diables. Le miracle inspire
deux blasphèmes ; le théologien l'appelle une
dérogation aux lois du monde et l'attribue au
bon plaisir divin intervenant comme un personnage de théâtre, à l'instar de l'exempt dans
Tartufe ; le physicien s'obstine à y voir un effet
encor mal observé du phénoménisme ordinaire.
Le théocrate se croit obligé à tout expliquer,
ignorant son vrai rôle de révélateur c'est-à-dire

de gardien du mystère, pour prétendre à celui
de dévoileur, le plus impie qui se puisse concevoir. Le savant suit la même infatuation : arbi-
trairement il ramène le fait exceptionnel aux
causes générales, qui ne le contiennent pas.

L'antinomie est toute superficielle, entre le
miracle et la science.

Tout est normal, même l'anormal : c'est-à-
dire tout a lieu suivant la Norme créatrice ; mais
cette Norme se compose d'un faisceau de
lois.

Le vaisseau qui quitte le port, de combien de
lois sera-t-il le sujet ?

Du mouvement de l'onde, du vent et de leur
combinaison, de l'état de sa structure, de la
compétence du pilote, du zèle et de l'obéissance
de l'équipage, de la nature des rives où il sera
poussé ? Il peut périr, par un défaut de construc-
tion, par une imprévoyance de manœuvre,
comme par la tempête ou la roche sous-marine.
Ce prodigieux ensemble de circonstances, fastes
ou néfastes, constitue le destin, le hasard ou la
Providence, comme on voudra ; chaque fois que
des lois multiples agissent simultanément, il en
résulte un obscurcissement de la causalité.

Si nous ajoutons au sort du vaisseau celui d'un
Colomb, qui constitue un nouveau détermi-

nisme par lui-même, nous entrons dans la sphère inconnue où les âmes représentent des facteurs aussi réels que les corps. Eh bien! l'antiquité appliqua une attention incomparable à ce phénoménisme supérieur, qui ajoute aux conditions positives de la caravelle qui porte Colomb, la condition idéale de ce héros cherchant un monde; et cette nef vogue à un souffle surnaturel qui se combine avec l'air dans ses voiles, pour attérir glorieusement.

Quelle folie de prophétiser, que l'humanité un jour découvrira une formule vraiment universelle. Suivant les uns, il n'y aura que des chrétiens, suivant les autres, que des positivistes!

Une opinion n'est d'ordinaire qu'un tempérament qui s'exprime; et avec ce changement hégémonique, la civilisation se divisera toujours en deux courants; l'un spiritualiste avec l'exaltation et ses excès, l'autre rationnaliste avec son prosaïme et sa stérilité.

Il en a été de même autrefois : dans notre Moyen Age aussi bien que dans la lointaine Kaldée, le spiritualisme ne fut unanime : mais seuls les témoignages religieux ou superstitieux nous ont été conservés. Le passé ne nous a légué que ses actes de foi. Cependant l'activité

spirituelle, en Orient, s'appliquait aussi vivement que la notre, à d'autres objets !

Sans recourir aux textes, les allégories té-
moignent d'une connaissance de l'âme si profonde, qu'on peut estimer les anciens aussi
doctes en psychologie, que nous le sommes en
physiologie. Même sans les avoir lus, quand
nous parlons bien, nous les répétons.

Aucune science ne tombe en oubli, puisque
son objet, par la réalité, s'impose à notre esprit,
mais lorsque notre activité se détourne de l'une
d'elles, elle cesse d'exister, comme la Be.le au
bois dormant. Devrait-on dire science endor-
mie ? Ce serait engager l'avenir et sur quelle foi ?

Celui qui se propose de traiter, scientifique-
ment, une question spirituelle, imite les Anciens,
il tente de retrouver quelques traces de leurs
pensées, il fouille aussi réellement que celui qui
attaque, avec la pioche, les tells ou amas de
décombres qui marquent l'emplacement des
anciens édifices en Mésopotamie : mais il ne
rend à la lumière ni des briques gravées, ni des
statuettes ; et ses découvertes ne sont peut-être
que ses imaginations. Une forme se conserve
mieux qu'une idée, et l'objet des trois dimensions
l'emportera toujours, en évidence, sur la notion
intuitive.

La plus grande différence de la nature à
l'homme, c'est qu'elle n'a pas d'autre idéal que
sa réalité même, au lieu que l'homme étend sa
pensée sans limites : il peut s'élever ou descendre
presque à l'infini.

D'un être à l'autre, parfois autant de distance
que de la terre au ciel !

L'auteur a recherché pourquoi son exhortation avait rencontré tant d'opposition. Des gens
ont été humiliés par des expressions vives et
hautaines.

Ce n'est pas vraiment la peine d'offrir aux
hommes des savates : ils les ont aux pieds. On
leur a présenté des cothurnes, voire des bottes
de sept lieues et presque des échasses, pour les
aider à marcher héroïquement, vite et sans se
crotter.

Lorsque le prêtre exhorte au salut, il ne se
donne pas pour l'incarnation des vertus qu'il
préconise. En développant l'ascèse magique,
féerique ou aristique, le zélateur ne prétendit
pas avoir lui-même épuisé cette ascèse.

Qui donc pourrait parler de la vertu, s'il devait fournir lui-même le modèle de son enseignement ?

A ce prix, toutes les chaires seraient muettes.
Un François d'Assise enseignerait la charité, un

Léonard seul professerait la peinture ! Et que personne n'ose plus ouvrir les lèvres ; car nulle bouche n'est digne de prononcer le nom de Jésus.

Un autre aspect du même mystère nous sollicite. Les petits enfants qui épèlent le nom de Dieu purifient l'air, dit le *Talmud,* et une larme du diable, dira la légende, est une perle que les anges emportent au Paradis.

Le *dignus docere* doit être attribué à la bonne volonté et à la compétence ; sinon, il n'y aurait plus d'enseignement possible.

C'est avoir bien peu profité de ses lectures que d'estimer un livre pour ce qu'il contient, littéralement, de formules excellentes. Un autre profit s'offre à nous, celui des pensées que l'auteur suscite. Quel fol se flatte d'écrire de nouvelles tables de la loi et de les offrir à la réceptivité aveugle du catéchumène ? Une erreur de l'écrivain, par réaction, éveillera une vérité chez le liseur.

Les clercs, d'esprit césarien, nous ont inoculé le virus de l'impériosité. Le premier venu, d'entre les prêtres dira qu'il possède la vérité. Cela est vrai, comme de l'enfant qui sait lire ; il possède la clé de la science. A un certain angle cérébral, l'abécédaire représente la sésame des plus grands secrets. Mais pour ouvrir, il faut une main prédestinée.

Il a semblé à l'auteur, que l'*urbi et orbi* n'était pas une prétention avouable même pour un nabi, et qu'il fallait livrer sa pensée à ses semblables, non à l'humanité, ni à la nationalité, mais à cette catégorie très restreinte de gens qui sentent comme vous.

Cette limitation du dessein ne vient pas d'un orgueil aristique qui exclut l'autrui, pour des différences de climat ou de culture.

L'auteur aime profondément les païens, et les jaunes comme les bruns : il a toujours formé des vœux pour le salut des races opprimées, et sur l'infamie coloniale et l'aberration de la propagation de la foi, il ne changera jamais. Mais il écrit pour ceux qui, fidèles ou infidèles, justes ou pécheurs, adorent Jésus comme Verbe, comme exemple, comme suzerain.

Ceci ne s'adresse pas à cent lecteurs, mais à beaucoup, à tous ceux qui ont assez d'orgueil pour tenter de s'élever, et qui, épris d'un idéal, veulent le réaliser.

C'est une philosophie, puisqu'il s'agit de la sagesse en amour; une morale car on tend à un accord harmonieux du désir avec la vertu : ou mieux, c'est une érotique, si le mot n'avait

pas un sens dépréciateur. La philosophie s'oppose d'ordinaire à la passion, ainsi que la morale. Elles se comportent comme les sœurs de
Psyché ou de Cendrillon.

Cette figure de Cucendron, qui son ouvrage
fini, va se mettre au coin de la cheminée et s'as-
seoit dans les cendres, représente l'âme passionnelle, sous le joug de la marâtre philosophie ou
morale ; et comme les fées n'existent que dans
les contes, Cucendron passe une vie fort malheureuse.

Le point de vue du présent ouvrage est
pris, non du Venusberg, mais de la Wartburg ;
pour prendre un terme facile, il s'agit de
concilier l'élévation et la religiosité de Wolfram d'Echenbach avec le feu de Tannhauser.
La plus belle idéalité se trouve entre les
deux Minnesingers, qui représentent surtout
deux tempéraments le lymphatique et le san-
guin.

Osera-t-on dire que la présente tentative a un
sens pratique, sans soulever des protestations,
celles des fortes personnalités.

La presque totalité des êtres s'affuble d'oripeaux ridicules et incommodes, pour obéir à
cette opinion somptuaire, la mode ; comment
douter qu'ils soient aussi dociles en leur âme ?

Ils suivent une sorte de poncif pour aimer,
comme pour s'habiller.

Le Frère Laurent de « Roméo et Juliette », dit :
« Rien de si vil, qui ne donne quelque bien,
rien de si bon, qui détourné de son légitime
usage, ne se révolte contre son essence et
n'aboutisse à un abus. Sous la pellicule de cette
fleur, il y a un poison et un remède : elle réjouit
tout le corps de son parfum, si on la respire ; si
on l'absorbe, elle tue tous les sens.

« Deux pareils ennemis combattent dans
l'homme aussi bien que dans les herbes — la
grâce et la brutale volonté ; et là, où la pire de
ces puissances prédomine, le ver de la mort dévore bientôt la plante. »

Rien de si vil que l'attraction charnelle, mais
elle joue un rôle décisif dans la communion des
âmes ; rien de si haut que l'idéalité, mais si on
la détourne de son légitime usage, si on l'exalte,
au point de nier les conditions de la vie,
elle se révolte contre son essence et aboutit à
l'antinomie redoutable du bonheur et de la
vertu.

Toutes nos passions ressemblent à cette fleur
dont la pellicule cache à la fois un poison et un
remède ; l'amour réjouit tout le corps de son parfum si on le respire, dans une volonté sereine

d'harmonie ; si on l'absorbe aveuglément, sans l'assagir, il abrutit l'individu.

Il s'agit donc de réconcilier la grâce et la brutale volonté et de trouver une voie vertueuse aux passions, ou si on le préfère une voie passionnée aux vertus.

« Où est la science, en ces formules? » objectera-t-on ? Car, la science, pour certains n'a d'autre base que la table de Pythagore. Ils ont raison pour la quantité. Mais, il y a une science qualitative où le nombre perd sa force, celle qui a pour objet l'individu.

J'ai beaucoup écrit sur celle-là, et souvent avec de violentes couleurs. Des erreurs d'expression ou d'humeur ne sont pas impardonnables. On doit cependant les regretter : on se trompe à moitié, quand on s'exprime mal.

Il n'y a quelque chose de plus vil que de renier son Maître, c'est, pour un maître de renier son disciple.

Ces mots de maître et de disciple ont eu un sens transcendental. On hésite à les employer pour quelques préceptes que certains adoptèrent et suivirent.

Mais, rien n'est petit dans la voie de perfectibilité. Une bonne pensée agit presque divinement.

L'œuvre purement esthétique se propose à l'admiration : elle offre un plaisir.

L'œuvre didactique se propose à l'assimilation : elle présente un profit.

Lorsque sainte Thérèse ne demandait qu'un quart d'heure de méditation, par jour, en échange du ciel, elle enseignait le précieux secret de l'évolution.

Un livre, qui intéresse suffisamment pour ne pas être rejeté avant la fin, représente des heures de méditation, c'est-à-dire un travail mental dont l'auteur ne fournit que les thèmes et l'occasion.

Il y a des paroles universelles, et qui par leur lumière, leur chaleur et leur éclat, sont œcuméniques. Qui ne les reçoit pas, pèche et s'égare.

Il y a de bonnes paroles qui ne s'adressent qu'à une espèce spirituelle ou si l'on veut à une catégorie mentale : quand on est jeune, on parle *urbi et orbi*, en un zèle inconsidéré, qui paraît une infatuation et qui nuit au discours.

Plus tard, on se tourne vers ses semblables et le ton se désenfle et devient fraternel : mais le zèle a diminué, la flamme ne brille plus.

Car, les années emportent autant qu'elles apportent : et je ne sais si l'enthousiasme intransigeant de la jeunesse ne sert pas mieux que

là vue profonde et un peu lasse de l'expérience.

Les mêmes idées n'inspirent pas de la même
façon, à vingt ans de distance. Elles étaient plus
vives, maintenant elles sont plus certaines. Le
temps marque l'homme et l'esprit de l'homme
du même sceau, que la nature, en ses saisons.

L'économie de ce discours est semblable à
celle des Traités précédents.

Les sept premiers chapitres sont consacrés
aux théories et à leur examen : les douze autres
pourraient s'appeler pratiques, car ils traitent
de l'adaptation des principes à l'individu.

La seule prétention de l'auteur, ici comme
dans ses autres ouvrages c'est de n'avoir jamais
été pour personne, un thème de déchéance et
une occasion d'amoindrissement.

P.

LIVRE I

LES THÉORIES DE L'AMOUR

1

L'AMOUR ET LA SCIENCE

> *L'histoire se forme tantôt du mémorial d'une race, tantôt de la biographie de quelques hommes.*
>
> *La science aussi présente ce double aspect, suivant qu'elle étudie l'espèce ou quelques individus suréminents.*
>
> *Le collectif et l'individuel correspondent à la vieille division du quantitatif et du qualitatif.*

Une science de l'Amour est-elle possible ?

Ni plus ni moins qu'une métaphysique, une ascétique, une éthique, une esthétique.

Une *érotique*, par son nom seul, scandaliserait les uns et promettrait aux autres des salacités.

La chose a eu vraiment le sort du mot, Eros signifie péché pour les clercs et lubricité pour les laïcs. Le Désir, sens exact d'Eros est forcément individuel.

Il y a un Eros divin, un Eros idéal, un Eros commun. La créature peut désirer son Créateur ; l'homme l'amour ; et le vulgaire, la femme.

Quel beau chapitre que celui de l'Eros divin ! Si on ne le trouve pas ici, qu'on attribue cette lacune à une bienséance supérieure. La mystique divine à ses théoriciens, ses poètes. On troublerait les âmes contemplatives, en touchant de la même encre, à l'illumination transcendentale et à la volupté, opératrice plus humble de notre sensibilité.

Les clercs, plus féconds en règles et catégories qu'en bonnes observations et utiles admonitions, ont beaucoup erré sur ce terrain.

L'homme chante ou maudit l'amour, suivant l'humeur, l'âge, la circonstance, et aussi l'entêtement de sa fonction.

« Faites des chrétiens » dit le curé « faites des citoyens » dit le moraliste à des gens qui se proposent la recherche du bonheur. « Quel rapport ces exhortations ont-elles avec Eros ? » L'amour est lui-même. C'est un abus, de le subordonner aux idées d'enfants, de foyer et de famille.

L'Amour, isolé de ses conséquences sociales, apparaît un principe de désordre et de péché. En est-il autrement des autres passions, et la Foi n'a-t-elle pas aussi ses charniers et ses fumiers ? Quelle activité, pour noble soit-elle, n'entraîne des excès et fautes ? L'étude, si sainte et sereine en son essence, aboutit souvent à l'erreur, voire à la folie ? Sur la voie de la connaissance érotique on rencontre trois sortes d'hommes, les théologiens, les ruffians, et les poètes. Il faut repousser les premiers comme ennemis de l'amour qu'ils veulent réduire en esclavage ; détester les seconds qui blasphèment et déshonorent l'érotique, et prendre pour guide les poètes. Quel sermon égale en persuasion, l'aveuglement de Titania couronnant de roses la tête d'âne de Bottom et tombant au-dessous d'Audrey, la fiancée de Pierre de Touche.

La célèbre distinction des deux Vénus déblaye le terrain : mais il faut définir l'*Uranie* et ce n'est point aisé. Elle diffère d'un homme à l'autre : et le caractère général est celui de complémentaire.

M. Emile Faguet dans celui de ses dix opuscules consacrés à l'amour sexuel, le définit : « le désir d'être aimé et de posséder ».

L'Amour est le Désir simplement, sans aucune spécification et le désir exprime un besoin, une lacune, un manque.

L'Amour se dirait donc, le mouvement d'un être vers un autre, qu'il soit fugitif et lascif, affectif et profond, idéal et durable.

Au point le plus superficiel, on désire une bouche pour y prendre le baiser et certaines formes dont la vue et le contact constituent la volupté d'espèce.

Nous ne tirons pas la volupté de nous-mêmes : elle y sommeille en puissance, et ne se réalise que par autrui.

Une femme, qui ne nous aime pas, peut nous

offrir un frais baiser et ces formes déterminatrices de notre plaisir.

A un autre plan, on désire un écho à sa voix intérieure, pour la mieux entendre. Celle qui nous ouvre son cœur, excite, au plus point, notre vibration affective, même par ses négations.

Nous ne tirons de nous-mêmes, pas plus l'émotion que le plaisir ; nous la contenons cependant, comme le bois enferme le feu qui jaillira au frottement.

Enfin, à un troisième plan, on désire une ombre pour sa lumière, un reflet pour sa couleur, ou bien on désire de devenir l'ombre de telle lumière, le reflet de telle couleur.

La psychologie sexuelle attribue au désir une logique qui n'est pas dans sa nature. M. Faguet généralise outre mesure. Si on énumère les hasards du navigateur c'est-à-dire la fortune du vaisseau, la fortune de l'onde, des vents, des écueils, on aura le tableau du Désir, sauf qu'il n'y a pas de boussole ; le point nord n'existant pas, en cette aventure.

L'attraction magnétique se manifeste dans les deux cas ; avec cette différence que l'aiguille ne varie point, tandis que le Désir flotte sans cesse, vers un centre lui-même mouvant.

Le désir orienté sur un point mobile, toutes les difficultés naissent.

Au moins, si le désir était pur d'alliage, si l'effort

complémentaire se libérait de l'opinion des coutumes, de l'imitation littéraire !

Malheureusement, on complique le désir d'intérêts, de volonté, de lecture ; il devient artificiel.

Il y a cependant une science de la navigation qui intervient dans la plupart des fortunes : il existe donc une science de l'amour.

En mettant le pied sur sa nef, le naute sait ou il veut aller ; en affrontant la sexualité le jeune homme ignore ce qu'il provoque : dans la plupart des cas un mirage le fascine, il entend le chant des sirènes ; et mille fantasmagories se produisent devant son ingénuité, travaillée par des fictions aussi illusoires que celles du mythe.

Le désir est cet effort de l'être qui cherche à s'accomplir.

Prospero, Ferdinand et Caliban désirent des choses différentes. Le Mage veut le bonheur de sa fille, Ferdinand son propre bonheur et le fils de Sycorax, le viol de Miranda. On a les trois degrés du désir dans *la Tempête* : l'être spirituel, le passionnel et l'instinctif.

L'ancien duc de Milan, idéal d'humanité a pour complémentaire Ariel l'esprit élémentaire qui matérialise sa pensée ; Ferdinand et Miranda forment le couple typique, jeune, beau et tendre ; Caliban c'est la brute.

Le thème de l'Académie a pour première énonciation la recherche de la beauté, pour seconde, la

découverte d'une beauté qui vous fixe ; et en troisième lieu, on s'élève à la Beauté de l'âme.

Il y a bien des chances pour que la sensibilité à
toute beauté n'engendre la débauche ; ensuite que
la décision prise sur la Beauté ne tienne point
compte de l'âme.

Ici l'élément esthétique est hors de sa place.

Dans tous les lieux de plaisir, vous rencontrerez
de belles personnes désirables, mais leurs yeux révèlent un tel vide intérieur et une telle implacabilité, que le disciple d'Ulysse se sauverait, comme à
la rencontre de bêtes nuisibles.

D'autres, qui n'ont pas le regard chargé de bêtise ou de méchanceté, roulent sous leurs paupières
un globe de mensonge prismatique également in-
quiétant.

Les plus belles bêtes, lions, tigres, panthères
léopards sont féroces.

Il convient de penser à l'intinct des êtres, avant
de s'en approcher : car, la beauté humaine se forme
d'un triple rayonnement, l'un nerveux qui correspond au désir charnel, le second affectif qui satisfait au désir sentimental, le troisième spirituel
qui se rapporte au désir intellectuel.

Une chair, une âme une pensée ; tel est le signalement de l'être ! L'amour unit entre elles deux
chairs, deux âmes, deux pensées : à la triplicité du
désir, il faut ce triple complètement : et la beauté
aimable c'est-à-dire digne d'être aimée, sera celle

qui résulte de ces trois manifestations. Etre caressé, être chéri, être compris, — c'est être aimé.

Caresser, chérir et comprendre — c'est aimer.

Sans doute, ces rapports ne se présentent jamais égaux en leur simultanéité, mais l'excès de l'un ne compense pas l'absence des autres.

Tout le monde entend la distinction de la sensation et du sentiment ; l'habitude est générale de croire l'homme composé d'un corps et d'une âme ; ce qui confond le phénomène affectif, qui existe chez les animaux, avec l'abstraction qui nous est propre.

L'idée de perfection ou d'idéalité joue un rôle décisif dans la durée et le cours des passions : sans elle, l'amour n'atteint pas son objet véritable, qui est l'évolution du désir.

Un couple amoureux verra sa communion s'attiédir, et se relâcher, s'il ne tend à l'accomplissement mutuel. Rien ne reste stationnaire : la loi de vie ne connaît que le mouvement de croissance ou celui qué déchoit : et l'idéalité seule, émanation de l'esprit, ravive le désir de la chair et du cœur.

Tous les soirs, nous sommes las, et le sommeil apporte son relâchement à l'activité : mais chaque aurore nous ramène à l'action.

L'analogie de la terre que la mauvaise herbe envahit dès qu'on cesse de la cultiver, donne l'image exacte de la vie intérieure, qui exige une culture incessante, pour porter de beaux fruits.

Puisque le Désir est tout l'homme, il faudra définir l'humanité, avant d'éluder ses passions.

L'homme binaire du catéchisme est une erreur, dans une théologie basée sur la Trinité.

L'homme ternaire des ésotérismes est vrai, il correspond aux trois séries phénoménales qu'enregistre l'observation.

Une sensation, une passion et une idée sont si distinctes, que personne ne confondra, dans une même clé, la douleur de Philoctète, le dépit d'Ajax et la prophétie de Prométhée. Une maladie, une fureur et une vision ne sauraient s'identifier. Trois personnes dans l'homme : donc trois désirs, qui en s'unissant, forment ce Désir synthétique que nous appelons « amour ».

L'homme corporel désire la volupté, l'homme passionnel la tendresse, l'homme spirituel l'intellection.

La science de l'Amour sera donc la connaissance de la volupté, de l'affectivité et de la subtilité.

Tant de complications, quand un baiser donne si bien la note harmonieuse ! Quel besoin de science pour joindre deux bouches.

Beaucoup de réflexions de conscience et de volonté sont nécessaires au baiser, pour que cet accident délicieux, se prolonge à travers l'âge mûr et prenne dans la vieillesse, à défaut de la fraîcheur perdue, un *goût d'éternité*.

Quel odieux pédant ferait un cours d'érotique à

Daphnis et Chloé, à Roméo et Juliette, à Tristan et Yseult, à Paul et Virginie. Musset et Sand en auraient eu grand besoin. Dès qu'on n'est plus ingénu, il faut devenir conscient.

L'Amour et la Science évoquent le lai d'Aristote où la courtisane chevauche le Stagirite à quatre pattes ; et le Faust de Gœthe vend son âme au diable pour rajeunir c'est-à-dire pour aimer.

Ces allégories expressives du même fait que Balzac a repris, sous le titre « A combien l'amour revient aux vieillards » signifient surtout l'antinomie entre la spéculation transcendentale et la vie passionnelle.

Ces hommes qui aiment, à contre saison, et à leur hiver, se sentent flamber d'une ardeur estivale et se trouvent dans les pires conditions.

L'Amour et la Science ont leur théorème dans le proverbe « Si jeunesse savait, si vieillesse pouvait » L'impuissance de l'âge semble radicale. La jeunesse peut-elle savoir ? Je réponds affirmativement. L'être jeune subit étonnamment l'exemple, la contagion ; il est donc susceptible d'entendre l'admonition.

Le prêtre dit : « la fornication est un péché mortel » et la mère, une digne mère, s'inquiète des fautes de son fils, mais s'enorgueillit de ses conquêtes faciles. Quant au père, il a, à la fois, les sollicitudes et les bienveillances d'un frère aîné, un peu sceptique et qui veille aux conséquences et non aux faits.

Je dirai au jeune homme :

« L'énigme de la vie, c'est de rencontrer un être qui te tienne lieu de toute l'humanité, et pour qui tu seras tout ; car l'humanité entière ne te donnera pas ce que t'offre un seul être, entièrement dédié à toi. Et cet être ne sera pas un homme parce que la volupté seule cimente l'union de façon durable ; mais elle ne suffit pas, il faut encore l'identification des destinées.

« S'aimer c'est souffrir et jouir ensemble.

« Il n'est pas en mon savoir, ni en ton pouvoir, « de t'éviter l'erreur sur la personne.

« Je ne peux que t'armer des préceptes de l'expérience ; et ils ne sont ni précisément ceux de la morale, ni les autres du vice ; car le Désir est un démon c'est-à-dire un principe ni bon, ni mauvais en soi et qui se qualifie par son objet.

« Le signalement de l'être à élire n'existe que dans ton désir.

« Tu veux avoir des femmes ou une femme à la mode ou une femme riche ; accomplis ton sort de débauché, de vaniteux et d'avide. Sache seulement que les bonnes fortunes t'éloignent du but, que la femme à la mode n'aime que la mode et que la femme riche peut être une pauvresse de l'âme qui te ruinera idéalement.

« N'oublie pas que la volupté est un moyen de

communion et que c'est dommage de l'user sans but, ni profit ; la destinée idéale c'est d'avoir un autre soi-même, qui vous aime, sans vous juger et qui vous confesse devant l'échafaud, pour qui on ne peut jamais être coupable, alors même qu'on serait au ban de la cité ou de l'univers.

« Etre aimé ainsi, c'est être le roi d'une âme ; et ce royaume là vaut mieux que les principautés du fait historique. Si tu fais les premiers pas dans la vie, avec cette conviction, tu sais, quoique jeune, où on rencontre la paix, la force et la vertu : et tu résisteras à l'exemple et à la contagation.

Ecoutons maintenant Bossuet :

« La tragédie a donc tort et donne au genre umain de mauvais exemples lorsqu'elle intro- duit les hommes et même les héros, ou affligés ou en colère, pour des biens ou des maux aussi vains que ceux de cette vie. « Rien, poursuit Platon ne devant véritablement toucher les âmes, dont la nature est immortelle, que ce qui les regarde dans tous leurs états, c'est-à-dire dans tous les siècles qu'elles ont à parcourir. » Ce païen ne souffre pas que la tragédie fasse paraître les hommes ou heureux ou malheureux, par des biens ou des maux sensibles. »

Le premier mouvement à cette lecture, est de fermer le livre : le grand évêque se perd dans un accès d'idéologie.

Que les biens de cette vie soient vains, on peut

le lui accorder, quoiqu'il soit très dangereux de les dédaigner : pour les maux, ils sont fort graves et pesants : considérez les coups qu'ils portent à notre vertu, les efforts qu'ils imposent à notre constance, les épreuves qu'ils nous suscitent.

Bossuet oubliait ce qu'il y a, de ces maux de la vie, dans le verre de l'ivrogne, dans la prostitution de la fille-mère, dans les capitulations de la conscience. Combien sont descendus dans le péché pour y ramasser du pain? Le salut est la grande affaire sans doute : le besoin aussi est une grande affaire et immédiate : et un pauvre se trouve un peu dispensé d'être un juste.

Pour le spectacle des héros affligés, je n'en connais pas de plus moral. Qui se soucierait d'être né d'Agamemnon, pour devenir le sinistre vengeur d'un père sur la personne de sa mère? Qui voudrait le sceptre de Thèbes, au prix de l'effroyable inceste? Qui ne sentirait son audace faiblir à voir le supplice du Caucase?

Rien de plus excellent pour apaiser les passions, modérer les désirs et rendre chacun sage dans son état, que ces malheurs illustres et ces détresses fameuses. Le chœur le redit sans cesse : les cimes attirent la foudre, l'anankè menace les hautes fortunes.

Bossuet se trompe et nous trompe : je ne l'ai pas cité pour le médiocre intérêt de montrer son aveuglement de caste, son incompréhension acerdotale. Reprenant les termes de sa conclusion, je me propose d'intéresser à d'autres biens que ceux de cette vie et de montrer aux lecteurs, ce qui les regarde dans tous leurs états, c'est-à-dire dans tous les siècles qu'ils ont à parcourir ; et pas plus que ce païen de Platon je ne bornerai la science d'amour à ses biens sensibles.

En cela, je suivrai les poètes. Comment l'évêque de Meaux se serait-il ingénié pour fulminer contre Tannhauser? L'intérêt se porte sur le salut éternel du minnesinger. Quant à Parsifal, je cherche comment un casuiste trouverait moyen de ne pas y voir le plus saint des spectacles. Dans le premier chef-d'œuvre, l'amour de la femme purifie, sauve et sanctifie le héros ; dans l'autre, l'amour du chevalier, lave, et béatifie la femme. L'aboutissement de l'amour n'est autre que le dénouement wagnérien, qui était déjà le dénouement de Gœthe, l'amour sauveur de l'âme, Tannhauser rachetée par Elisabeth, Kundry rachetée par Parsifal.

Que nous sommes loin de l'idée de science?

Non pas. Les grands poètes sont les plus savants des hommes : ce sont même les seuls qui aient jamais percé le mystère.

Platon les chassait de sa République : il oubliait seulement d'en sortir d'abord, et tout en premier, car il n'est qu'un poète de l'idée.

Le philosophe, proprement dit, ennuyeux et obscur, par le mal et ne dit rien de plus que l'artiste.

L'incarnation exposée par les théologiens ennuie et ne convainct pas ; les peintres seuls nous la rendent sensible.

Quitte à décevoir déjà le lecteur, je lui présenterai comme proposition scientifique, ce théorème.

« La volupté n'a autre justification que de compenser la douleur inhérente aux mouvements de notre sensibilité. Ce que nous appelons « plaisir » et « bonheur » sont les souffrances que nous préférons et « les destinées » que nous choisissons. Car l'Amour n'est que la forme attrayante de la douleur : et la douleur, qui naît du sentiment de notre impuissance, constitue le seul thème de notre évolution.

Un mathématicien ne sera pas satisfait, il est habitué aux opérations puériles du domaine quantitatif.

Deux et deux font quatre, s'il s'agit de pommes ou de sous. Deux et deux font un, dans l'amour. Si le siècle ne protestait contre de tels titres, on aurait écrit ici : « Traité du retour à l'unité, par l'androgynisme virtuel, » il résulte de la communion amoureuse d'abord et de l'élan de cet androgynisme vers sa Cause, qui est aussi sa fin.

Cela n'est pas clair, comme on le souhaiterait. La prémisse ne recevra jamais de preuve véritable : l'homme initial a été androgyne. La conclusion aussi échappe aux critères de certitude :

l'évolution humaine consiste, en un retour, à l'état androgyne.

Loin de paraître scientifique, ces assertions ne passeront même pas, comme philosophiques.

Mais, le phénomène érotique existe ; et l'amour tel qu'on le ressent, qu'on l'observe, n'est autre chose que l'ardent et bref retour à l'androgynat.

Il n'en faut pas plus, pour échafauder, sur ces données expérimentales, une doctrine dont la beauté n'échappera à aucun, et dont l'application produira des fruits savoureux et sains.

Tous les secrets de la vie confluent à l'idée de souffrance : voilà l'énigme qui fait marcher l'enfant à quatre pattes, et qui courbe le vieillard sur sa crosse.

L'amour représente la douleur attrayante ; c'est cela même qui le désigne, comme la coupe la moins amère de toutes celles que l'homme peut saisir ; et l'amertume diminue, en raison de l'idéalité qu'on y verse.

En amour, il y a fort peu de réalité positive et les choses ne nous paraissent jamais ce qu'elles sont. Elles sont vraiment ce qu'elles nous paraissent, puisque notre sensation, notre sentiment, notre idée seuls valent, parce qu'ils sont nôtres. L'Amour n'est que l'effort du Moi pour se compléter et se confirmer.

II

L'ÉROTOLOGIE DE PLATON

> *Nous avons reçu des grecs tous nos modèles,*
> *nos méthodes elles-mêmes. Il y a donc lieu,*
> *chaque fois qu'on veut approfondir une ques-*
> *tion de rechercher d'abord quel fut la pensée*
> *grecque.*
> *Ce n'est pas toujours la vérité : mais c'en est*
> *toujours un reflet.*

Dans l'ordre expérimental, le dernier venu dépasse fatalement ses devanciers, il possède le fruit de leurs efforts, il part du point qu'ils avaient conquis. La science positive ressemble à l'élévation d'une tour où la nouvelle pierre s'élève forcément sur toutes les autres. « Ce sont là les sciences imitables dans lesquelles le disciple devient aisément l'égal du maître », dit Léonard, quand il établit la démarcation entre la recherche de la quantité et celle de la qualité.

Dans l'ordre transcendental, le dernier venu peut être un sot, incapable de comprendre ses de-

vanciers, inhabile à cueillir le fruit de leurs
efforts, et recommençant la recherche des autres,
en partant de lui-même ! La métaphysique ne ressemble à rien ; c'est une lumière qui s'allume dans
un grand esprit, pour quelques autres esprits.
Est-ce à dire que le génie ne peut être entendu
que par le génie, et qu'il s'agit d'une question de
parité ? Non certes, mais il existe une parenté, si
éloignée soit-elle, une véritable question de famille spirituelle, bien plus simple en soi qu'un cas
de subtilité.

On ne trouve que ce qu'on cherche, on ne voit
que sa vision, on n'entend que sa propre pensée, et
les hellénistes, qui ont établi la meilleure lecture
et traduit le *Symposion* de Platon, n'y ont point
trouvé de mystère ; ils n'y ont vu qu'un dialogue
dogmatique parmi d'autres.

Il paraîtra donc impertinent d'ouvrir l'Académicien pour dévoiler le mystère de l'amour ; on
offense des professeurs qui accepteront malaisé-
ment d'avoir piétiné sur un tel trésor, sans le découvrir. Peut-on écrire sans offenser quelqu'un et
surtout le bon sens ? Il s'oppose à ce qu'un texte
sans obscurité ait attendu la lecture d'un auteur
dramatique, pour révéler son inestimable secret.

Qu'est-ce qu'une révélation ? Un nouveau voile
sur ce qui ne doit pas rester nu, *revelare* revoiler.
Donc, une révélation consiste dans l'adaptation
d'une forme actuelle à une vérité éternelle : et cette

forme colore l'idée, la rend visible et virtuelle, pour l'esprit d'une race ou d'une époque.

Toute notion qu'on veut lancer dans le monde doit être à la mode — à la mode spirituelle du temps où l'on écrit — et c'est tant pis pour l'écrivain s'il vit dans un temps de laideur. Pisanello eut à pourtraire Isola Degli Aglitti, en l'année où les femmes se rasaient trois doigts de cheveux pour se dénuder le haut du front ; cependant ses œuvres nous plaisent encore.

La mode spirituelle d'aujourd'hui ne permet pas d'invoquer les dieux, ni de s'accompagner sur la lyre ; il faut être un peu ennuyeux pour paraître sérieux, et terre à terre, réaliste et pratique pour inspirer confiance : c'est un programme fâcheux, mais obligatoire.

Symposion sonne admirablement : comme beaucoup de mots anciens, il semble solennel : on l'a traduit par banquet, qui désigne en français une table nombreuse, groupée par une circonstance politique ou municipale, et présidée par quelque dignitaire officiel : souper ou beuverie serait plus exact, et j'incline pour souper.

Apollodore raconte donc à un ami ce qui s'est passé chez Agathon, le soir où Socrate, Alcibiade et autres y soupèrent. On ne parla que de l'amour, comme des soupeurs contemporains ne parleraient « que femmes ». Mais ces propos de table eurent un singulier écho, puisque l'ami d'Apollodore en sut quelque chose par un quidam, à qui Phenix en avait parlé ; et ce quidam ajouta qu'Apollodore en savait beaucoup plus long.

L'anecdote est singulière : d'abord, depuis des années Agathon n'a mis les pieds à Athènes : ce fameux souper eut lieu, au temps où Agathon remporta le prix avec sa première tragédie, le lendemain du jour où il sacrifia aux Dieux entouré de ses choristes. Apollodore n'était pas au souper et Socrate ne lui a rien raconté, il tient ce qu'il sait de ce quidam qui l'a conté à Phénix, petit homme qui va toujours nu pieds et répond au nom d'Aristodème.

Ce dialogue se passe sur la route de Phalères ; tout en cheminant, Apollodore va refaire le récit d'Aristodème. Ce préambule passe pour un agrément littéraire ; il témoigne pourtant d'autre chose. On y sent la précaution constante d'un écrivain qui exagère la simplicité de son prologue, pour dérouter l'inquisition, celle qui fit boire la ciguë à Socrate. Ce souper se recule dans un lointain exagéré ; entre Platon qui le rapporte, et le lecteur, il y a plusieurs personnages, Aristodème, Phénix, Apollodore. Ce sera miracle que, passant ainsi de bouche en bouche, les propos des soupeurs ne se déforment pas, circonstance propre à une justification qui semble préparée. On ne sait plus pour qui on écrit, ni pour qui il faudrait écrire dans un temps anarchique ou les tenants et les assaillants de la tradition, également aveugles, s'opposent leur entêtement néfaste.

Sans doute, chacun possède sa petite paroisse habituée à son prône et qui reste fidèle plutôt à elle-même qu'à l'homéliste : elle acquiesce d'avance à un ordre d'idées chères. Passé ce cercle de l'intimité intellectuelle et sorti de sa secte, on ne sait qui l'on rencontre et comment parler à cet inconnu qui jure peut-être par la licorne, peut-être par le kerub ?

Voilà pourquoi un texte classique évite la suspicion et fournit au discours une épigraphe qu'on accepte communément, pour valable.

Un traité sur l'amour peut s'ouvrir sur un terme de Platon ; car mon bottier lui-même se sert de cette expression d'amour platonique pour désigner, bien à tort, la petite oie et les menus mercis. Plotiniser, serait mal vu et passerait pour une faute d'impression, platoniser pour les dames, c'est flirter : grâce à ces notions fausses et propices, on se flatte d'obtenir l'attention, sous cette garantie officielle dont les étrangers seuls sont exempts et qu'exige Monsieur le public, qui ne veut point être dupe et réclame, sur les produits philosophiques, la marque de l'Etat. Si Socrate prononce des paroles décisives, graves, redoutables, il prendra soin d'en décliner la paternité, il répète ce que lui a enseigné une femme, une hétaïre : double invraisemblance, une femme n'a ja-

mais expliqué aucun mystère et surtout dans la
société hellénique.

Aristodème rencontre Socrate au sortir du bain ;
il a ses sandales aux pieds, contre son habitude,
parce qu'il va souper chez Agathon, l'auteur dramatique, qui a remporté son premier prix de tragédie. aux fêtes Lénéennes. Nous sommes en 416 :
nous savons qu'Aristophane se moque de l'allure
efféminée d'Agathon, et qu'Aristote l'accuse d'avoir
introduit, entre les actes, des chœurs étrangers au
drame.

Ni Phèdre, ni Pausanias ne nous sont connus,
l'un est un jeune philosophe, l'autre un homme
d'expérience ; Eryximaque est médecin, Aristophane et Socrate seuls nous sont familiers.

L'entrée d'Aristodème donne une idée de la
courtoisie grecque ; et celle de Socrate, du prodigieux respect qu'inspirait en ce temps la supériorité d'un homme sans argent, ni honneurs. Il n'importe ici que d'entendre les six discours sur
l'amour qui vont se succéder, avec une audace
croissante.

On résout de ne point faire de débauche et de
ne boire que pour son plaisir ; la joueuse de flûte
est renvoyée ; on ne parlera que de l'amour et
chacun improvisera un discours à sa louange.

Phèdre, le plus jeune, parlera le premier.
L'amour est le plus ancien des dieux, on ne lui
connaît ni père, ni mère. Car Hésiode fait succé-

der au chaos la terre et l'amour. « Si par quelque enchantement, un état ou une armée pouvait se composer d'amants et d'aimés, aucun peuple ne porterait plus haut l'horreur du vice et l'émulation de la vertu. Des hommes ainsi amis, même en petit nombre pourraient vaincre le monde entier (1). »

L'amour envisagé comme ferment d'héroïsme s'élève déjà à une hauteur singulière. Connaît-on un roman, voire un poème où le thème éternel se hausse ainsi ?

Phèdre évoque la tendre figure d'Alceste et vitupère étrangement le fils d'Œagre ; lâche comme un musicien qu'il était, plutôt que d'imiter Alceste et de mourir pour ce qu'il aimait, il s'était ingénié à descendre vivant aux enfers. Aussi les Dieux l'ont-ils fait périr par la main des femmes.

L'Amour est le plus ancien des Dieux, le seul capable de rendre l'homme heureux, pendant sa vie et après sa mort.

Quels soucis inconnus aux modernes érotiques que la vertu et le devenir ; et l'épithète même d'érotique n'est-elle pas toujours prise en mauvaise part ?

Généreux et idéaliste, tâchant de concilier la vertu, le bien de la cité et la recherche du bonheur,

_____

(1) Assertion démentie par la courte fortune de Haschaichins, des Ismaelistes, des Templiers, des mamelucks, des janissaires.

ce discours de Phèdre, enthousiaste et juvénile, ne nous apprend rien.

Pausanias commence, avec un notable *distinguo*, il y a deux Vénus, l'une fille du ciel (ouranos) et qui n'a point de mère, l'autre fille de Jupiter et de Dioné.

Aimer, ce n'est en soi ni beau, ni laid, ni bon, ni mauvais, non plus que de boire, de manger ou de parler.

Voilà qu'on se heurte à un trait à la fois ethnique et local ; la Vénus céleste n'inspire que des amours masculines, qui ne s'attachent point à une trop grande jeunesse, mais au développement de l'intelligence. Cette partie contredit à la raison, à la nature et tache ces belles pages d'une détestable aberration. Il faut oublier la prémisse, pour goûter des corollaires comme celui-ci : « Si quelqu'un pour s'enrichir ou se pousser dans le monde, se comportait comme on le fait pour l'amour, s'il joignait les larmes aux prières et aux serments et descendait à des bassesses d'esclave, un ami, voire un ennemi l'empêcherait de tomber à un tel avilissement. Cependant tout cela sied bien à un amant qui, loin de se déshonorer, se rend estimable, ou plutôt sympathique. »

Le sentiment de Pausanias remplit le théâtre des boulevards où l'homme, aveuli par la passion, intéresse le public si profondément, qu'on ne saurait rien lui présenter qui le touche aussi sûrement.

Le discours va se préciser. Aimer le corps plutôt que l'âme, c'est le vice ; céder à la richesse ou à l'influence, c'est la honte : il faut que l'amour se traite comme la philosophie et la vertu ; à cette seule condition il est permis. Tout amour qui ne tend pas au perfectionnement intellectuel et moral appartient à la Vénus vulgaire.

Ici, Aristophane a le hoquet et il prie Eryximaque de prendre son tour.

Avec le médecin, l'horizon s'élargit.

La médecine est la science de l'amour dans les corps. Qu'a fait Asclepios ? Il a mis l'amour entre ces contraires le froid et le chaud, le sec et l'humide : la musique est la science de l'amour relativement au rythme et à l'harmonie.

Les deux amours de Pausanias se retrouvent dans toute chose divine ou humaine. La religion n'a qu'un but, entretenir l'amour entre les dieux et les hommes. L'amour est donc l'harmonie équilibrant les contraires, la synthèse abolissant à la fois la thèse et l'antithèse : et la synthèse est la vérité.

Aristophane vient d'éternuer, l'immortel comique va envelopper de cocasseries, à la façon de Rabelais, des révélations autrement importantes.

Au commencement, il y avait trois sexes ; les deux qui subsistent et un troisième composé de ces deux là ; il n'en reste que le nom, l'androgyne.

La Genèse nous dit que Dieu créa l'homme mâle et femelle, la Chine nous le répète en ses livres sacrés.

Cette opinion a, pour elle, les textes les plus anciens, mais les textes anciens ne représentent que des allégories.

Le grand comique décrit l'androgyne primitif risiblement, pour que la caricature truculente déroute les frêlons, les profanes.

Le masculin est fils du soleil, le féminin de la terre ; l'androgyne a une troisième maternité qui est la lune.

Deux noms, Ephialtès et Otos (1), évoqués à propos du troisième sexe, supposent que postérieurement à la Gigantomachie, il y eut une Androgynomachie, seconde révolution de l'élément terrestre.

Zeus ne veut pas cette fois employer la foudre, il se contentera d'affaiblir l'androgyne, de le dédoubler, littéralement, d'un en faire deux, comme on coupe les œufs avec un cheveu, quand on veut les saler (2). Apollon accommoda ces corps auquel il

(1) Dans la Théomachie, Apollon creva les yeux d'Ephialtès. Otos est un Aloade cité par Homère. L'androgyne correspond au Ghibor de la Genèse.

(2) Le rédacteur de la Genèse et l'Académicien se rencontrent, mais la côte, l'os que les Œlohim prennent à Adam pour en former Eve, ne peut être qu'une erreur de copiste : il s'agit d'un des côtés, comme le dit Aristophane, d'une coupe longitudinale.

manquait un côté, comme on détacherait un haut-relief pour en faire une ronde bosse. Alors chaque moitié d'androgyne chercha celle dont on l'avait séparée; et quand elles se joignaient, elles s'embrassaient avec une telle ardeur qu'elles périssaient dans cet embrassement, qui les rendait à leur unité.

« Chacun de nous n'est donc qu'une moitié d'androgyne qui a été détachée d'un tout, de la même manière qu'on sépare une sole en deux. »

On donne le nom d'amour au désir de revenir à l'état androgyne : « l'Amour, après cette vie, nous rétablira dans notre état, guérira nos infirmités et nous dispensera un bonheur, sans mélange. »

L'auteur des *Nuées* révèle, en même temps que l'origine, l'aboutissement du devenir ; et cette conception du cycle de la personnalité humaine, n'a pas été exprimée dans un texte antérieur. Elle n'appartient ni à Platon, ni à Socrate, ni aux Grecs : c'est une parole des mystères brusquement proférée, sous sa forme la plus claire.

Le discours d'Agathon, l'auteur dramatique, sonne creux. Pour lui, l'Amour est le plus heureux des dieux, parce qu'il en est le plus beau, le plus jeune, le plus vertueux. L'Amour est poète, il donne la paix aux hommes, le calme à la mer, le silence aux vents, un lit et le sommeil à la douleur. Ce verbiage sans portée ne sert qu'à amorcer le discours de Socrate.

Celui-ci, fidèle à son procédé de questionneur,

commence par obtenir qu'Agathon consente des prémisses. L'Amour est-il l'amour de quelque chose ou de rien? De quelque chose, assurément, et de quelque chose qu'il ne possède pas et qu'il désire. Car on ne désire point ce qu'on possède mais seulement ce qui nous manque.

Eros est le désir, la faim, la soif, l'aspiration, l'attraction, et comme on ne se désire jamais soi-même, Eros qui désire le Beau et le Bon, n'est ni beau, ni bon.

Ici commence une profonde étude de l'âme humaine. « J'en viens — dit Socrate — au discours que me tint un jour une femme de Mantinée, Diotima. Savante sur ce qui concerne l'Amour et sur beaucoup de choses, elle prescrivit aux Athéniens les sacrifices qui suspendirent pendant dix ans une peste dont ils étaient menacés. Je tiens d'elle tout ce que je sais sur l'Amour. »

Voici, réduit en formules précises, ce que savait Socrate :

Eros n'est pas un dieu, car il n'a ni la beauté, ni le bonheur qu'il cherche sans cesse : c'est un démon. Un démon tient le milieu entre les dieux et les hommes.

L'essence divine n'entre en communication avec l'homme que par les démons, et l'homme non plus ne s'entretient pas avec les dieux, sans l'entremise des démons.

Fils de Poros (le Passé, la tradition, la richesse)

et de Pœnia (le Présent, la pénurie), Eros (le désir) est né le même jour que Vénus (1).

De sa mère la mendiante, il tient l'aspect malingre et les instincts de bohême ; de son père il a reçu l'audace, sans cesse au pourchas du beau et du bon, « artificieux, curieux, sophiste et magicien ». Ni riche, ni pauvre, puisqu'il acquiert, sans conserver ; ni ignorant, ni sage, car il aspire à la science, sans la posséder.

Enfant d'un père opulent et sage et d'une mère pauvre et illettrée, Eros n'est pas l'Aimé, l'objet de l'amour, mais l'Amant, le sujet de l'amour.

Etymologiquement, la poésie est l'action de faire passer une chose du non-être à l'être ; tout artiste, tout ouvrier est poète : mais on entend surtout poésie dans le sens de création et plus spécialement dans un mode prosodique et musical. Ainsi tous ceux qui désirent l'or, la gloire, sont bien des désireurs, des amants de la richesse et des lauriers, mais les vrais désireurs sont ceux qui ne cherchent que l'amour lui-même.

Ici Diotima combattra Aristophane : aimer ce n'est pas chercher sa moitié, car notre moitié pourrait ne valoir guère mieux que nous-mêmes et, réunis à elle, nous ne serions pas meilleurs.

J'ajouterai que le phénomène amoureux se produit, souvent, au profit d'un être antithétique :

____

(1) La Naissance d'Eros, drame satirique inédit.

n'est-ce pas un vieille remarque que les petits hommes épousent de grandes femmes *et vice versa* et que les différences intérieures constituent des complémentarismes. Une âme passive sera séduite par l'activité Desdémone ne ressemble guère au More, ni Marguerite à Faust, ni Dona Elvire à Don Juan. Le grand comique s'est trompé.

L'amour cherche à se compléter, mais son complément ne sera pas son sosie, sa moitié de poire ou de médaille. L'objet de l'amour, c'est l'enfantement dans la beauté, pour l'immortalité.

Je laisse de côté ce qui a trait à l'enfantement physique qui ne sert qu'à créer un parallélisme d'appui pour l'enfantement spirituel. L'homme meurt à mesure qu'il vit ; nous savons qu'en sept années notre corps a renouvelé toutes ses molécules. Les sentiments aussi meurent et renaissent comme les cheveux, comme la peau. Qu'est-ce que la réflexion, sinon un effort vers une notion qui s'efface ? Qu'est-ce que l'oubli, sinon l'abolition d'une connaissance ? Le souvenir conserve une chose morte. On se souvient d'un sentiment éteint, comme d'un être défunt.

Il est des êtres qui sont féconds, selon l'esprit. Ceux-là suivront une ascèse qui les mènera à la perfection. Elle commence par la recherche des beaux corps. Celui qui ne serait sensible qu'à la rencontre de la beauté, s'élèverait déjà au-dessus de la plupart des tentations où manque la beauté ; il éluderait, par cela seul, la concupiscence.

Le second point consiste à n'aimer qu'un seul être. Ensuite, il s'initiera à la beauté de l'âme jusqu'à l'aimer dans un corps dépourvu d'agréments : ainsi, il sera amené à comprendre la beauté abstraite, qui se trouve dans les nobles actions et dans les lois équitables, et il fera dès lors peu de cas de la beauté corporelle. De la beauté des actes, il passera à celle des sciences, jusqu'à ce qu'il n'aperçoive plus qu'une science, celle du Beau.

La page qui suit fait penser au final de Tristan et Yseult, à cette exaltation suprême de l'amante qui va prendre essor et rejoindre l'Aimé, dans le devenir. Malheureusement ce n'est, chez Platon comme chez Wagner, qu'un frisson sublime ; et le mystère, d'obscur devenu éblouissant, échappe à notre esprit. Trop de lumière aveugle !

Au terme de l'initiation, on aperçoit la beauté éternelle sacrée, impassible, qui ne croît ni ne diminue, beauté qui n'a rien de sensible, qui existe éternellement, absolument, par elle-même et en elle-même.

Le dialogue, après cela, tourne à la scène de genre, Alcibiade à moitié ivre frappe à la porte et fait une entrée bruyante.

Il y a des raisons pour qu'on n'ait pas vu ce qui était servi sur la table d'Agathon et pour que les mets trop helléniques aient rebuté le lecteur chrétien.

La théorie exposée en trois discours par Aristophane, Socrate et Diotima, par trois fois admet et préconise cette aberration, que l'Allemagne a fait insérer dans les quotidiens.

Pour les soupeurs qui venaient de parler, la femme n'était pas l'être d'amour ; et cette erreur est impardonnable, car elle contredit à la nature et à l'expérience, projette une ombre sur le texte, et dérobe aux lecteurs les joyaux enchassés dans ces lignes étonnantes.

Les philosophes grecs furent si entêtés de philosophie qu'ils cherchèrent des disciples même dans l'amour : cette préoccupation professionnelle oserai-je dire, cette ma .., leur fit adopter, comme une vertu, le vice le plus inesthétique qui soit.

Le dialogue de Lucien, intitulé : *Amours*, contient un plaidoyer, en faveur de la philopédie. Après avoir fait le tableau d'une journée de femme et d'une journée d'éphèbe, il conclut : « Qui n'aimerait ce Mercure dans les gymnases, cet Apollon jouant de la lyre, ce Castor domptant les coursiers, ce mortel qui marche sur la trace des dieux.

« Socrate, que la Pythie a déclaré le plus sage de tous les hommes, entre autres mille découvertes dont il a enrichi son siècle, lui a fait connaître le précieux trésor de la philopédie. » Ceci est fort grave. Achille et Patrocle, Oreste et Pilade, Har-

modios et Aristogiton, et d'autres nous représentent le même vice. Nous savons que les Phéniciens
faisaient le commerce des jeunes garçons et les
enlevaient pour les vendre. Mais les figures sont
exceptionnelles pour le premier cas ; et pour le second, rentrent dans la rubrique des vices. Selon
Lucien la théorie du comaste, son association à la
philosophie serait l'œuvre de Socrate : et cela n'est
guère propre à le faire écouter, comme professeur
d'amour.

L'effet de ces déplorables divagations est tel, sur le
lecteur, que me proposant d'emprunter des théories
et non d'exposer la doctrine entière, j'aurais tu ces
tares, si le Banquet ne se trouvait trop aisément
sous la main, pour que cet artifice ait réussi.

Dante, au commencement de son « Convito », dit
qu'on nettoie le pain, au moment du repas, et il
enlève d'abord les salissures de son exorde.

Il faut donc ici critiquer le texte que l'on com-
mente. Son caractère ésotérique s'impose : qu'il
révèle des principes d'initiation ou qu'il soit la conception d'un génie, il s'adresse à une élite : et ce
qui serait légitime pour toutes les sciences, pour
celle de l'amour, est un défaut. Tout le monde est
appelé ou peut être appelé à aimer, puisque tout le
monde désire l'amour et que c'est la seule passion
qui tienne lieu de génie, de savoir et de richesse,
et compense les incapacités, les ignorances et les
misères.

Les couples qu'on rencontre un soir de printemps n'appartiennent pas à l'élite ; ils peuvent vivre des moments d'élite, si leur instinct se montre capable de quelque discipline.

Je ne crois pas que, hors des villes, il y ait des âmes sensibles ; ou que nulle part le paysan vaille l'ouvrier ; la sensibilité est un fruit de la culture : toutefois la culture ne consiste nullement en examens et en diplômes, et les romans feuilletons. malgré leur stupidité, les vitrines d'antiquités, malgré leur bric à brac. les spectacles de Paris, malgré leur bassesse, suffisent à éveiller l'imagination. On peut enseigner l'amour à des gens du commun : c'est même l'unique chose qu'ils puissent apprendre.

Un Grec ne manquerait pas de vanter le rôle social d'une science de l'amour ; voire, son importance au sens patriotique. Ces considérations seraient un peu hypocrites de la part d'un métaphysicien du xxe siècle où le civisme, exclusivement passif, ne nourrit plus de grands espoirs.

L'erreur socratique appartient à l'ordre irrationnel. Deux identités en s'unissant ne produisent pas d'augmentation qualitative : avec deux flacons de vin, vous en remplirez un troisième qui sera quantitativement le double, mais mélangez de l'eau et du vin et vous obtiendrez une différence de saveur, une tempérance de l'un par l'autre. L'homme et la femme sont des contraires, non seulement pour l'extériorité, mais surtout pour l'intériorité ; cérébralement ils s'appellent l'induction et la déduction, la logique et l'intuition ; ils peuvent s'étonner, condition pour s'intéresser : ils ne sentent pas de la même façon, ils ne manifestent rien de manière semblable : et leurs intérêts diffèrent comme leurs motifs d'émotion. Aucune œuvre d'art ne satisfait pleinement notre imagination, si nous n'y trouvons pas la simultanéité des deux forces qui forment l'humanité.

Il ne s'agit pas de disputer, si le majeur convient à tout et se peut passer du mineur, mais de marier les deux modes, comme a fait Wagner. L'analogie nous enseigne que dans l'ordre spirituel, comme à l'organique, toute conception implique deux termes simultanés ; et rien dans l'histoire ni dans l'art ne s'est fait que par l'amour de deux éléments humains.

Il faut être jeune pour songer sérieusement à jouer le rôle de sauveur : les illusions généreuses sont très ridicules en un temps où le scepticisme n'attend pas le nombre des années et où l'âge des anciens héros est aussi celui de l'indifférence.

Aujourd'hui rien n'est beau, ni le mal, ni le bien.

Ce vers de Musset n'est pas sublime, seulement juste. Aujourd'hui comme hier et comme demain, des êtres veulent se glorifier et jouir.

C'est à ceux-là qu'on apporte des prétextes de gloire et des recettes de volupté : et à l'économie sociale et à l'économie politique, on ajoutera l'économie passionnelle.

Phèdre nous a vanté l'amour comme un ferment d'héroïsme, ne retenons que l'idée de ferment, ne songeons qu'à l'évolution de la personnalité et donnons-lui son nom théologique de concupiscence. « Malheureux homme que je suis, qui me délivrera du corps de cette mort? » Personne, ô saint Paul, que celui qui nous l'a donné, et quand vous dites que les gens mariés doivent vivre comme n'ayant point de femmes, vous tombez au niveau de Tolstoï, qui est un grand déraisonneur! Point n'est besoin de faire un pacte avec ses yeux comme Job « pour ne pas penser à une fille », il suffit d'avoir élevé sa sensibilité assez haut pour voir avec les yeux purs de l'esthète, qui jouit cérébralement de la beauté.

Et puis, penser à une fille, en soi ne signifie ni bien, ni mal. Est-ce Persée, est-ce saint Georges qui pense à sauver l'innocence ou le vieux Job qui rêve de lascivités? Penser à une fille, ce peut être le commencement d'une évolution admirable. La chasteté est un idéal, ce n'est ni le seul, ni même le plus grand : ce n'est surtout pas celui qu'il faut prêcher dans l'église militante.

Pausanias distingue deux Vénus ; soit deux concupiscences, pour traduire théologiquement ; mais la théologie n'admet point de Vénus Uranie. Il faut aimer Dieu, sans doute, mais il faut aimer la créature, chair de sa chair qui n'a au monde que cet amour pour destinée ; les baisers de nos lèvres, les caresses de nos mains, lui appartiennent.

Le soupeur du Banquet indique bien quelle auréole entoure l'amour, à cause de son désintéressement. Notre imagination ne s'intéresse vraiment qu'à *Tristan et Yseult*, le drame unique, depuis le *Cantique des Cantiques* jusqu'au dernier roman.

Grâce au ferment de Phèdre, à la dualité des Vénus de Pausanias, nous savons comment le premier principe s'accordera avec le second ; l'amour doit tendre à la perfection mutuelle. Eryximaque voit, dans Eros, l'Asclepios de l'âme, il a raison : l'amour apaise et guérit mille maux. Saint Paul, en exaltant son idéal apostolique, commit la même erreur que tout enthousiaste, il ne vit plus que sa vision et impérieusement tenta de l'imposer : ce fut de tout temps, le péché des hommes extraordinaires, des conquérants de l'âme. Hors de l'église, point de salut ; en effet, point de salut aux yeux de l'église.

La foi est une passion, la plus noble, mais enfin c'est une passion, susceptible des pires excès et condamnée à cet aveuglement, qui est la condition de l'illumination.

Pour saint Paul, la foi est le seul ferment bénéfique, mais on l'appelle un don et une vertu ; et il ne faut demander à la généralité que selon ce qu'elle a reçu, peu de dons : quant aux vertus, elles sont beaucoup plus rares que les chefs-d'œuvre. L'amour est au fond de tous, ferment universel ; il ne s'agit que de tirer de sa fermentation des vertus au lieu des vices : ce n'est nullement impossible.

Aristophane nous arrêtera plus longtemps ; quoique nous soyons décidés à tenir ce qu'il raconte pour une allégorie, les correspondances physiques et morales de l'homme et de la femme s'imposent : que nous ayons été androgynes ou non, la poésie, l'art et la vie semblent consacrés à cette unique recherche de la moitié ; et sa rencontre, pour l'ignorant comme pour le savant, constitue la seule joie incontestée de ce monde ; personne qui n'accepte la conclusion du grand comique, que l'état androgyne soit l'état paradisiaque.

Après les lieux communs de l'auteur dramatique, Socrate va enfin serrer la question.

Eros ne signifie pas Amour, mais Désir, et le Désir n'est ni bon ni mauvais ; son objet seul le qualifie. Le Désir est pauvre comme sa mère Pœnia. Villiers de l'Isle-Adam a dit, d'après l'Inde : « Toute chose ne se constitue que de son vide » qui serait mieux « Tout être se qualifie par son désir ». Car pauvreté et vide représentent la même idée. « Dis-moi ce que tu aimes, je te dirai qui tu es », parole courante et cependant profonde. La plupart ne savent pas ce qu'ils aiment, parce que, selon les moments, le même désir prend diverses formes et que la partition de l'être humain, inscrite sur trois portées, offre un perpétuel passage du physique au moral et au spirituel.

Ici commence la révélation dont Socrate ne prend ni l'honneur ni la responsabilité et qui représente la plus hautaine affirmation de la libre pensée.

Comme nous sommes convenus, au début de cette étude, de ramener les traditions à une formule rationnelle, il faut abandonner la théorie des démons et ne retenir que sa définition « d'intermédiaire entre le mortel et l'immortel » et l'appliquer au Désir.

L'essence divine entre en communication avec l'homme par le Désir ; et l'homme ne s'entretient avec les dieux que par l'entremise du Désir.

Le Désir apparaît la seule relation du mortel à l'immortel, et redescendant à la physiologie scolaire, nous vérifierons vite que l'être satisfait est sinon un imbécile, du moins, fort médiocre, et que le caractère du bourgeois est certainement le plus bas degré de l'involution : ce contribuable stupidement pacifique qui achète la paix aux prix avilissants et qui réduit ses passions à de mornes habitudes, comme ses idées à quelques principes de police.

Diotima ne nous fait pas d'Eros un portrait aux

brillantes couleurs ; bohême, aventurier, inventeur, enchanteur, il ressemble à Cagliostro, à Vil-
lon, à Verlaine, car il est né hors la loi. Mais ce
mauvais garçon constitue le ferment social, car
toujours mécontent du présent, il demande à l'avenir de nouvelles impressions. Son père, Poros, le
bourgeois olympien, le rentier immortel, le renie
et le déteste, à moins que le succès ne vienne
absoudre ce détestable garnement né hors la loi,
toujours en contravention avec quelque autorité,
qu'on a brûlé et pendu comme hérétique et comme
larron, et qui cependant est le poète par excellence,
le transfigurateur du Monde.

Si l'acte poétique consiste à faire passer une
chose du non-être à l'être, le Désir est le souffle
même d'Apollon. Sans le Désir, aucune communication du ciel à la terre, point de révélation ;
sans le Désir, aucune image de la perfection, point
d'art.

Il y a une impérieuse raison pour qu'Eros ne
soit pas beau, puisqu'il est l'inventeur de la beauté
qui lui manque, de la justice qui lui manquera
toujours. L'idéal n'est que l'objectivation du Désir :
et cela, Diotima aurait pu le dire ; et elle eût pu
même ajouter, que l'Amour est le fils du Désir, son
fruit littéralement. Tant que nous vivons des sensations mortelles, c'est-à-dire que nos besoins se
bornent à ceux des autres mammifères, l'influx céleste serait impuissant à nous atteindre : le soleil

n'ira pas, le voulût-il, échauffer les taupes sous la terre ; sa chaleur ne touche que ce qui se meut exactement à sa surface.

De quelle façon, l'âme se mouvra-t-elle au-dessus de l'humanité, sinon par le Désir ? Ainsi elle s'expose aux rayons bienfaisants de l'autre Soleil, le Verbe.

Ici le lecteur évoque les désordres, les douleurs et les crimes qu'engendre le Désir. Un ferment en soi ni bon ni mauvais, produit, selon le corps ou le cœur où il entre, de l'harmonie ou de la dissonance. Les preuves mathématiques sont toujours fausses en métaphysique, science de la qualité : doubler un nombre ne modifiera pas la nature de ce nombre, mais seulement sa quantité. Les preuves chimiques valent mieux, mais en réunissant les deux fragments d'une pierre, on ne modifierait que son volume. Chaque sexe est un ferment pour l'autre sexe, voilà ce que saint Paul n'a pas vu, parce que son Désir évoluait sur un plan exceptionnel, celui du génie religieux : et ces exhortations à la sainteté avaient la même valeur, que si Platon eût voulu étendre son Académisme à tous les citoyens de l'Attique. *Non licet omnibus adire Deum :* il faut être riche d'argent pour aller à Corinthe et riche d'âme pour aller à Dieu, sans truchement !

Le truchement entre l'homme et l'idéal, c'est cet amour, fils du Désir, qui prépare l'âme à un essor, de plus en plus puissant.

Les théologiens et les moralistes auraient évité bien des pages d'exorcismes, s'ils s'étaient posé la question formidable qu'ose Diotima? Ils n'ont vu dans le mariage que l'enfantement animal, le rite de la procréation et comme toujours une bourde moderne vient se placer en sautoir sur les antiques erreurs. Schopenhauer a cru expliquer quelque chose, en évoquant le génie de l'espèce. Vraiment, il s'agit bien de cela! A moins qu'on entende le terme au figuré.

L'Amour, fils du Désir, a une autre mission que d'assurer le recrutement de l'armée et de la gent taillable, corvéable et électorale. Ce n'est pas lui qui verse les bolées de cidre d'où sortent les petits bretons ou normands. Eros est un démon et comme tel, il fait les affaires du ciel en ce monde et les affaires du ciel sont nécessairement d'un tout autre ordre que celles de la terre. Il préside aux fécondations spirituelles, aux enfantements animiques, pensées, vœux et œuvres.

Pour descendre, sans transition, du mode spéculatif au plus pratique et réduire l'érotologie à un seul principe, on dira :

L'Amour, le véritable et sublime Amour, est celui qui unit un homme et une femme d'abord pour la beauté qu'ils possèdent, et ensuite par la beauté plus haute qu'ils désireront, celle de leurs âmes ; et celle plus haute encore de leurs nobles actions, et celle encore plus élevée de la spéculation contemplative, jusqu'à ce qu'ils n'aperçoivent plus qu'un seul but digne d'eux : leur élévation simultanée.

Cette beauté plus haute que celle qu'ils possèdent, cette beauté de l'âme sera faite de leurs deux désirs en émulation, en collaboration ; comme deux miroirs échangent leurs reflets, ces êtres qui ont commencé par se désirer voluptueusement, se désireront moralement, et ce sera une nouvelle volupté ; et quand ils ne seront qu'une âme, ils auront encore à connaître une troisième ivresse, la possession spirituelle.

À ce point, ils s'apercevront qu'ils sont trois, ils auront vraiment engendré de leur chair, de leur cœur et de leur esprit un enfant, à la fois fils et fille, le véritable androgyne ; et la mort ne sera pour eux vraiment qu'une porte sur l'éternité.

Je m'excuserais de dire si simplement des choses si graves, si je n'étais rassuré par le long oubli où on les a laissées ; et à l'abri des critiques trop spirituels, derrière le buste de Platon.

III

ÉROTOLOGIE MODERNE

> *De Bossuet à Stendhal on trouve la plus grande*
> *distance intellectuelle ; l'un contemne la pas-*
> *sion, l'autre la préconise.*
> *Entre ces erreurs également extrêmes, il faut*
> *trouver place pour le bonheur, malgré le*
> *premier, pour la vertu, malgré le second.*

« Pour ceux qui voudraient de bonne foi qu'on ré-
formât la comédie, pour y ménager, à l'exemple des
sages païens et à la faveur du plaisir, des exemples et
des instructions sérieuses pour les rois et pour les
peuples, je ne puis blâmer leur intention, mais qu'ils
songent qu'après tout, le charme des sens est un mauvais introducteur des sentiments vertueux. »

Le précepteur du Dauphin, le confesseur de
Louis XIV, le prédicateur de cour qui eut les plus
beaux sujets d'étude, les Lavallière et les Montes-
pan, ignorait-il la psychologie? Elle éclaire son
art et la machination pathétique de ses discours.
La contemplation mystique ne lui cacha pas la vie

4*

réelle. Nous sommes donc en présence d'un entêtement invincible, qui prend en la personne de
l'évêque de Meaux le prestige du génie, et deviendra insupportable, lorsqu'il se produira chez des
clercs sans vertus ou sans talents.

Même, à l'état Bossuétique, cette morale systématique garde un caractère de fausseté et d'illuminisme.

J'ai choisi entre mille autres, cette fin de phrase,
pour sa signification « après tout, le charme des
sens est un mauvais introducteur des sentiments
vertueux ».

Or, Platon nous représente cet introducteur
comme l'unique qui soit. Quelqu'un se trompe,
même si aucun ne veut nous tromper.

Le génie de Bossuet est le génie même de la caste
sacerdotale ; dépouillé de son art prodigieux, il
resterait prêtre, de la tête au pied, et fermement
appuyé sur les vieux textes, il rendrait les mêmes
oracles de sévérité et d'aveugle idéalité.

Si l'idée de la perfection entretient l'artiste dans
une perpétuelle inquiétude de son œuvre ; et si un
Léonard pousse son disciple à s'examiner sans
cesse et le disqualifie dès qu'il se satisfait ; comment incriminer le sacerdote, artiste de l'animisme, d'entretenir le fidèle dans des transes qu'il
estime fécondes ? Cette pénitence, où il le pousse,
n'est-elle pas excellente à lui masquer la réelle
horreur de toute vie ; et des hommes d'une péné-

tration transcendentale, dont Bossuet ne fut que la voix esthétique, n'ont-ils pas découvert que l'homme souffre moins des maux qu'il choisit, et qu'en lui offrant la croix comme une acceptation qui l'honore, on lui voile le plus grand supplice de l'existence telle quelle.

Celui qui a vécu, ne prend pas, à leur sens exact, les expressions « des heureux de ce monde ». Le monarque, le pape, le génie, qui furent si longtemps des idéogrammes pour le désir humain, ne projettent plus d'éblouissement sur les imaginations ; on n'envie plus un être, totalement : on ne souhaite qu'une chose appartenant à cet être ou une circonstance de son destin. Cela vient de la connaissance exacte que nous avons des personnages et non du changement des temps.

La première et victorieuse objection à la morale religieuse sort de ses résultats ou plutôt provient de son absence de résultats. Nous ne voyons pas que les lumières soient plus abondantes, ni la charité plus chaude, chez les clercs : l'ascétique qui n'aboutit pas à la transposition de la sensibilité et qui l'éteint seulement, ne mérite pas de passer à l'état d'enseignement œcuménique.

La seconde réfutation de la prétention sacerdotale sort de la page la plus étincelante de l'Evangile. « La vie est la lumière des hommes » or l'amour a toujours été le vrai nom de la vie.

« Aimez Dieu », diront les clercs et ils auront

raison, s'ils n'ajoutent point, à ce commandement, une exécration du monde entier. Aimer Dieu directement, exclusivement comme sainte Thérèse, constitue une prodigieuse exception. « Aimer en Dieu » suffit à la plupart, et pour le salut : car aimer en Dieu c'est rejeter de son amour l'égoïsme; et dès lors tout objet devient un motif de perfection.

Les passions ne cessent ni leur danger ni leur obscurité, en prenant la forme sacrée : Bossuet, qui démêle si ingénieusement l'orgueil comme grand mobile de la concupiscence, oublie que les prêtres ont été de tout temps les moins humbles des hommes et presque à leur insu.

De quoi s'entretient, de quoi s'occupe notre jeunesse dans cet âge où l'on se fait un opprobre de la pudeur? Que regrettent les vieillards, lorsqu'ils déplorent leurs ans écoulés ; et qu'est-ce qu'ils souhaitent continuellement de rappeler s'ils pouvaient, avec leur jeunesse, si ce n'est les plaisirs des sens ?.

Le grand évêque ne veut pas savoir de quoi il parle. Le dernier des viveurs, le plus falot des boulevardiers connaît mieux la matière ; et il n'y a pas de pièce si superficielle qu'elle ne fournisse un meilleur tableau de l'âme humaine. « Le plaisir des sens? » Où diable a-t-on pris cette idée de plaisir? Est-ce de l'unanimité du désir, de sa force, de ses fâcheuses conséquences? Le clerc se dupet-il aux lectures profanes, aux tableaux, aux trumeaux de porte ! Quoi, les fêtes galantes de Watteau servent-elles de textes aux prédicateurs, et qui trompe-t-on ici ?

Ces plaisirs n'existent tels que dans l'imagination de l'homme qui les ignore ; il les transfigure en les détestant.

Un train rapide qui passe, suscite l'idée de gens heureux qui vont au Carnaval de Nice ? Avec quelles préoccupations souvent ? En proie à quelles maladies, à quelles rancœurs ?

Descendons au détail et en nous-mêmes, revivons quelques instants de notre vie sexuelle. Estimons les démarches, les soins qui ont précédé, les déceptions, les complications qui ont suivi : que reste-t-il de plaisir, tel que saint Paul et Bossuet le conçoivent ?

A force de se croire des êtres spirituels, par le seul fait de la continence, les clercs donnent aux sens une part exagérée dans les passions. Ils confondent dédaigneusement l'amant et le débauché, et pour un peu, ils parleraient du bonheur de la passion, même après avoir lu Musset.

L'alcoolique trouve, à chaque pas, son plaisir et toujours identique, s'il possède la monnaie suffisante : le luxurieux, le débauché, le plus sensuel des hommes ne se meut pas dans de telles conditions. Il se mêle à sa concuspiscence mille sentiments qui, pour être bas et égoïstes, n'en sont pas moins des sentiments : jalousie, vanité. Enfin on ne saurait supporter que l'amour pour un être soit assimilé à un appétit d'espèce ; et la classification des neuf infractions à la chasteté vous plonge dans un indicible étonnement, que les mœchiologies ne diminuent certes pas.

On voudrait connaître l'avis des casuistes sur les cas esthétiques ? *Tristan et Yseult* sont adultères et ils en meurent ; chacun connaît des honnêtes gens qui le sont aussi, quelques moments par mois et qui en vivent. Que dit la théologie morale ? On l'ignore : elle a catalogué les délits, sans prendre aucune peine d'examiner si le principe « il y a pas de maladies, mais seulement des malades » ne pourrait pas se trouver en épigraphe de toute morale : « Il n'y a pas de péchés, il n'y a que des pécheurs. »

Que l'amour prenne sa perfection de la forme sociale, le mariage, et de sa consécration religieuse, le sacrement, nul n'y contredit ; mais en lui-même il est parfaitement digne et lui seul communique au mariage sa dignité et au sacrement son efficacité.

Pour un esprit droit, les concubins qui s'aiment sont des justes en face des époux qui se trompent. Ce domaine défiait leur despotisme ; les clercs accumulèrent les prétentions de resserreurs de liens et de fermeurs de portes. Il y a souvent plus de passion que de réflexion dans les édits des puissants spirituels ou temporels. Vous ne trouvez point, sous une signature autorisée, une seule page où l'amour soit traité avec justice. Ecclésialement, c'est l'ennemi.

Au séminaire, on l'a enseigné, dans le seul souci d'obtenir des bonnes mœurs ; et on s'y flatte dès qu'on pare au scandale, produisant ainsi des vertus négatives, sans éclat ni chaleur. On tarit la sensualité, afin d'en prévenir les écarts ; et pour avoir des hommes exacts, on les dessèche.

Si l'enseignement d'un Bossuet avait quelque chance de prévaloir, il manifesterait un idéal antisocial, mais grandiose que tous salueraient. Il n'est plus qu'une noble curiosité pour quelques esprits et ne recrute que des disciples préparés par les disgrâces. Entre le sentiment unanime et l'objurgation sacerdotale, l'abîme se creuse et s'élargit tous les jours, au point qu'ils s'ignorent.

Si les clercs n'étaient pas indignement paresseux, ils se demanderaient pourquoi l'humanité reste si fidèle à une conception de la vie toute différente de celle qu'ils préconisent ; et comment l'amour a hérité de toutes les conquêtes de la foi sur la brutalité de l'homme ?

Nous en sommes à considérer l'amour comme la vertu suprême. Nos lois fléchissent devant lui, nos arts le contrepointent inlassablement. Le crime passionnel n'est plus un crime.

Et c'est être innocent que d'être un amoureux.

Le chef-d'œuvre de notre scène ne voit presque jamais la rampe, faute d'amour ; et cette contrainte, que l'opinion imposa à Racine, nous apparaît comme une règle de l'art lui-même.

Toutes les passions représentées nous laissent indifférents, le spectacle de l'amour seul nous trouve attentifs, complaisants. Déplorable ou non, cela est ; et malgré le surprenant anathème séculaire qui pèse sur le commun sentiment, l'humanité obéit à cette attraction mystérieuse.

Entre l'opinion des clercs et celle des laïcs, on doit trouver un terme moyen qui sera le vrai. Depuis bien des siècles Lao-Tseu a dit : « La vérité n'existe qu'au centre des rapports, c'est-à-dire au point où convergent tous les rayons du cercle. »

Celui qui écrivit le premier le titre ambigu : *Physiologie de l'Amour*, fut hardi. Il prétendait « faire une description exacte et scientifique d'une sorte de folie très rare en France ». Cette expression suffit à mettre l'ouvrage au rang des gageures. L'amour sexuel est un phénomène trop universel pour qu'on le mette parmi les démences : il peut y confiner et y atteindre, les autres passions y aboutissent aussi ; et la vanité inspire tout autant d'absurdes efforts, aux divers étages sociaux, que la passion.

L'importance incomparable de ce thème dans le domaine de l'art, qui est celui de la plus haute vision et de la suprême harmonie, ne permet pas de le juger ni si légèrement, ni si sévèrement.

Stendhal se flatte d'avoir expliqué, mathématiquement, les divers sentiments qui se succèdent les uns aux autres et dont l'ensemble s'appelle la passion de l'amour. « Je n'écris que pour cent lecteurs ! » s'écrie-t-il. Son ouvrage, avec vingt-cinq vignettes par Bertall, a eu la plus populaire édition, chez Barba, à 95 centimes.

« Je cherche à me rendre compte de cette passion dont tous les développements sincères ont un caractère de beauté. » Cela est vrai des développements esthétiques : pour la réalité, il faudrait dire « que cette passion trouve un écho sans cesse vibrant dans presque tous les êtres ».

L'auteur de la *Chartreuse de Parme* distingue quatre amours différents : 1° l'amour passion, 2° l'amour goût, 3° l'amour physique, 4° l'amour de vanité. « Au reste, ajoute-t-il, au lieu de distinguer quatre amours différents, on peut fort bien admettre, huit ou dix nuances. » Ce ne sont point des catégories, mais des symptômes interchangeables.

Il y a du physique et de la vanité dans tout amour et l'amour goût devient parfois de la vraie passion.

Pour Henri Beyle, voici ce qui se passe dans l'âme :

1° L'admiration ;

2° On se dit quel plaisir de lui donner des baisers ;

3° L'espérance.

Ces prémisses se rapportent à la vie mondaine et au cavalier, appuyé contre un chambranle, qui compare et choisit parmi une assemblée : et il y a mille probabilités pour qu'il admire celle qu'on admire autour de lui, la plus fêtée. Les hommes vont comme les moutons et se poussent les uns sur les autres, vers un même point, surtout dans le phénomène du désir. Mondainement, l'admiration générale décide de la passion : partout où il y a un concours de personnes, le choix se trouve influencé par l'opinion.

La catégorie des artistes, pour qui le modèle représente l'œuvre, ne prouve ni par ses épouses, ni par ses maîtresses, que le sens esthétique guide son désir.

La catégorie intellectuelle semble fort indifférente à la beauté morale ; et enfin les violentes, passions, que la célébrité des personnes ou le scandale des dénouements nous révèlent, ne prennent pas leurs motifs de la beauté, mais de la double convenance des êtres et des heures.

L'admiration est un sentiment littéraire, qui naît d'idées préconçues. Quant à l'espérance comme seconde étape, on ne la trouve pas dans le cœur de Tristan conduisant Yseult à son oncle Marke. Si le héros espérait, ce serait un félon.

On ne rencontre chez Stendhal qu'une page excellente (qu'on devra inlassablement citer) où il compare le mouvement de l'imagination, autour de l'image aimée, à ce rameau de bois sec qui se couvre de diamants mobiles et éblouissants, si on le trempe deux ou trois fois aux mines de sel de Salzbourg. En effet, la sensibilité cristallise autour de l'objet aimé, jusqu'à ce qu'il n'y ait plus qu'une femme ou qu'un homme au monde. Alors, le point idéal se trouve atteint.

Les notes de Stendhal sur les mœurs amoureuses causent un grand étonnement : sa documentation tient du rêve.

Il note ce qui le frappe : et le trait individuel devient un symptôme de race, et la bizarrerie locale une coutume étendue. A cette lecture, l'Italie, au commencement du xixe siècle, apparaît comme le pays de l'amour, une Paphos, une Amathonte, terre sacrée de la passion profonde.

Il prend quelques facilités de conduite pour l'expression de l'âme péninsulaire, et surtout il manque de sangfroid et de généralisation ; enfin il a plutôt écrit sur des amours, c'est-à-dire sur des cas qui lui ont plu, que sur l'amour comme problème humain ; et cela explique son succès de lecture et l'incertitude de ses aphorismes.

« A Florence, l'heureux amant passe quatre ou cinq heures de chacune de ses journées avec la femme qu'il aime. C'est l'intimité la plus complète et la plus tendre ; il la tutoie, en présence de son mari et partout. »

Celui qui partira pour l'Italie, sur la foi de telles assertions, s'expose à de rudes mécomptes.

Stendhal a pris des mœurs excentriques pour les mœurs même ; on les découvre à Paris et en toute capitale. Pour les milieux spéciaux, on se méfie d'autant plus des impressions de Stendhal sur les pays où il a vécu, qu'il n'hésite pas à écrire des énormités, comme celle-ci : « c'est sous la tente noirâtre de l'Arabe-Bedouin qu'il faut chercher le modèle et la patrie du véritable amour ! »

Stendhal aime l'amour, il sent son importance et sa mission ; il en parle comme Ruskin parlera de l'art, un demi-siècle plus tard, en fanatique.

Un autre romancier, le comte Léon Tolstoï, aurait fait rétrograder la question jusqu'aux théories du monachisme, si un slave pouvait influer sur la civilisation latine.

Dans la postface de la *Sonate à Kreutzer*, il n'hésite pas à considérer la naissance des enfants comme le but et la justification de l'amour sexuel.

« L'union en mariage ou hors du mariage avec l'objet de l'amour, si poétisée soit-elle, est un but indigne de l'homme, de même qu'est indigne de l'homme, le but d'acquérir, pour soi, une nourriture sucrée et abondante. »

Cette assimilation de Roméo et Juliette à un cas de gourmandise montre le déséquilibre de l'auteur d'*Anna Karénine*. On ne compare que des choses analogues. Tel prince de l'Eglise qui n'annonce sa venue, qu'en donnant son menu, ne peut être classé parmi les représentants de l'idéal religieux.

Pour Tolstoï, l'amour, en mariage ou hors du mariage, ne facilitera jamais l'atteinte du but digne de l'homme, service de Dieu, de l'humanité, de la patrie, de la science, de l'art.

La chasteté est l'idéal ou plutôt une de ses conditions. Que doivent faire les époux ? Remplacer l'amour sexuel par les relations pures de frère et de sœur.

« Accueillir avec beaucoup de circonspection les réformes radicales, qui n'ont pour elles aucun témoignagne de l'expérience, est une prudence. » Certes, celui qu'on appelle le grand moujick, entra dans le domaine théologique avec de lourdes bottes, pour refulminer un canon du concile de Trente, qui déclare anathème quiconque prétend, que l'état de continence ne l'emporte pas sur l'état de mariage.

Or, tout esprit droit sera anathème, car il n'y a pas d'état excellent en soi, mais des individus excellents en divers états. Un bon laïc vaut mieux qu'un clerc médiocre ; et les vertus de l'époux ont été insuffisamment estimées par des gens qui ne les possédaient pas. Au Concile, le clerc théologien

ne se transfigure pas : il s'honore, en exaltant sa
profession, et le plus humainement, sacrifie tout à
la suprématie ecclésiastique.

Dans un opuscule intitulé : *Sur la question
sexuelle*, on a réuni plusieurs fragments curieux.
« L'homme, marié ou célibataire doit toujours être
le plus chaste possible, comme l'exprima le Christ
et après lui, Paul. » Envers les sexes, l'idéal c'est
la chasteté entière, absolue. » Pour lui, l'homme
et la femme doivent aspirer à l'absolue virginité,
car il faut viser au delà du but, pour l'atteindre.

L'Histoire de l'Eglise nous offre la plus belle
série d'expériences sur la matière : aucune communion n'a préconisé, exalté et réalisé pareillement la chasteté entière et l'absolue virginité.

L'épithète de vierge est, avec celles de docteur,
de confesseur et de martyr, une désignation insigne
de la liturgie. Laissons les saints qui correspondent aux génies et présentent comme eux des
vocations individuelles ; envisageons quelle fut la
sensibilité, base de la charité chez les hommes
chastes. Ils furent implacables. Ce sont des moines
chastes ou ayant la chasteté pour idéal, qui mas-
sacrèrent les Albigeois et toutes les espèces d'hé-
rétiques : l'Inquisition est une conception de continents et on peut énoncer, comme une loi expéri-
mentalement démontrée :

L'extrême répression de la sexualité déchaîne toutes
les autres passions de l'homme.

Son orgueil, son avarice, sa gourmandise augmentent. Il est extrêmement difficile d'interdire les manifestations fondamentales de la sensibilité, sans compromettre la sensibilité elle-même.

Ceux qui prétendent que la chasteté est impossible ou nuisible se trompent comme les autres, qui veulent l'imposer à tout venant. Il n'y a là que des questions de personne : le plus grand nombre ne trouvera son salut que dans la forme naturelle.

L'erreur, mère des erreurs, sera toujours de concevoir l'idéal de l'homme, hors de ses potentialités. La nature fut calomniée par des individus qui voulurent la surmonter et qui luttèrent contre ses lois excellentes et nécessaires, dans un dessein tout individuel.

Au domaine de la passion, les avis furent toujours passionnés et partant erronés. La vérité ne se découvre pas aux points extrêmes, mais aux médians et résulte de la convergence des rapports.

Ni saint Pacome, ni don Juan ne sont des modèles ; la conception mystique contredit à la norme, comme la notion perverse. Les exceptions n'ont jamais été des exemples. L'art permet l'imitation du procédé : la chambre claire de Léonard servira à quiconque, et on ne saurait prendre un meilleur guide que le *Traité de peinture* : mais qui donc se proposerait, sans folie, d'être un second Léonard ; et pour cette raison péremptoire, que, dans le domaine subjectif, un homme ne peut jamais être que lui-même, et non tel autre, en érotique comme en esthétique.

L'exécration est un trope de l'éloquence sacrée, comme l'anathème, sans valeur rationnelle. Joad pourrait être pontife de Baal et tout aussi lyrique. Les briques de Ninive nous ont conservé des *anathema sit* à fournir tous les conciles, de formules imprécatoires.

Dans la littérature ecclésiastique, l'amour est un péché. Il ne devient légitime qu'en prenant la forme sociale du mariage et en ayant pour but la procréation. Cette opinion dispense de chercher dans les ouvrages sacerdotaux quelque chose de valable sur cette matière.

Le clerc, saint et théologien, ou séculier et seulement pratique, n'entend rien aux phénomènes sexuels, pour cette raison qu'il ne veut pas y entendre, que la tradition et sa fonction semblent l'obliger à un aveuglement professionnel.

On renonce à utiliser les travaux casuistiques si nombreux et parfois si curieux : la théologie n'admet point d'autre objet que le sien ; et si elle se trompe c'est du moins avec grandeur.

Aux époques de formation, le prêtre fut tout, même médecin : encore, dans certaines îles, le curé est accoucheur. A ces époques et dans ces îles cela est légitime : le prêtre l'emporte sur le troupeau.

La civilisation retourne simplement la question :

le troupeau possède infiniment plus de lumière que
le pasteur, et telle tête du troupeau dépasse celle du
pasteur. La révélation n'a sa force qu'aux matières
qui défient l'investigation ; l'homme et ses passions
appartiennent à l'expérience ; il ne saurait donc y
avoir d'autorité religieuse en matière de psychologie morale.

Ce serait une impertinence de prétendre qu'on a
mal écrit sur l'amour jusqu'ici, et que voici étince-
lant le flambeau, que tant d'illustres efforts n'ont
pu allumer. Cependant, il n'a été rien dit de méthodique ; et la littérature revendique à peu près
tous les ouvrages.

M. de Buffon, qui n'avait pas le goût si sûr, qu'il
ne fît démolir l'admirab¹ château de Montbard et
qui affectionna la périphrase dans le genre où elle
est le moins à sa place, a dit un mot bref et profond qu'on peut varier ici : « La doctrine, c'est
l'homme », et surtout en matière amoureuse. On
en traite de souvenir ou de désir ; et la biographie
de l'auteur donne les sources de son système. Deux
catégories semblent mériter une égale suspicion :
les clercs et les viveurs.

La science du confesseur fait pendant à l'habileté du procureur, à la magnanimité du capitaine,
à la sensibilité des femmes : ce sont des attributs
conventionnels. Quel étonnement de voir des esprits élevés se changer en oiseaux stymphalides
ou mieux en harpies, dès qu'ils aperçoivent l'amour ?

Leur foi leur inspire-t-elle un triste devoir d'exécrer ? L'orthodoxie se borne à l'injustice, comme manifestation.

La casuistique, jurisprudence très policière, n'envisage que le délit ou le quasi-délit, réservant son indulgence au fait transitoire même bestial, et fulminant contre ce qui fait l'honnêteté de la passion, sa durée, sa profondeur, son exclusivité. Si la confession se confondait, comme le croient certains, avec la direction, il y a beau temps que ce très utile sacrement serait tombé en désuétude ; je ne crois pas qu'en aucun temps, il y ait eu beaucoup de confesseurs subtils. Mais la Pénitence consiste en aveu, contrition et réparation ; et le prêtre qui reçoit l'aveu n'impose pas même la réparation. Stendhal avait vu l'insuffisance des notions ecclésiastiques : « Toutes nos idées sur les femmes nous viennent en France du catéchisme de trois sous. »

« Il ne faut pas de divorce parce que le mariage est un mystère, l'emblème de l'amour de Jésus-Christ avec son Eglise. Et que devenait ce mystère, si l'Eglise se fût trouvée un nom du genre masculin ? »

L'amour étant le thème majeur de l'existence, il engage sans cesse la morale, qui forte de sa nécessité, se dresse implacablement contre la passion.

Les juristes de la conscience ont marqué P. V. ou P. M. (péché véniel, péché mortel) avec une tranquillité non pareille et leurs considérants touchent à la fantaisie, quand un P. Benedicti prétend que le péché commis avec une laide est plus grief qu'avec une jolie, pour ce que la volonté y a plus de part.

Qu'est-ce que la beauté vient faire dans la passion ? J'entends la beauté esthétique, celle qu'on admire. Dans la plupart des cas que le scandale des circonstances ou la notoriété des personnages amènent à la publicité, il est bien rare que l'opinion générale trouve légitime la passion inspirée.

Tolstoï n'entend pas la tradition platonicienne, il croit que l'amour a son but en lui-même et il juge ce but indigne de l'homme ; dépassant Bossuet, en slave toujours excessif, il assimile cette grande faim de l'âme, si mystérieuse, souvent si généreuse, au goût des sucreries.

Stendhal, au contraire, regarde la passion comme la fin de l'homme sensible, il célèbre l'amour pour l'amour, comme une sorte d'art pour l'art, et n'a cure de morale.

Il semble que sur ce chapitre, l'aveuglement soit fatal, pour les esprits les plus divers.

Bossuet exorcise et Stendhal à l'opposé ne reconnaît pas les légitimes prétentions de la société et de la famille à opiner dans la matière. Moralement, l'amour est défendu. Esthétiquement on nie la morale. Ce sont là des extrémités et, à tout dire, des erreurs. La parole ecclésiastique et l'inspiration du génie humain, irréconciliables, s'opposent l'une à l'autre.

IV

DE L'AMOUR

> *L'Amour est quelque chose d'intermédiaire entre le mortel et l'immortel.*
> *L'Amour n'est donc pas un dieu mais un démon.*
>
> PLATON.
>
> *L'Ange qui a six ailes ne change jamais.*
>
> ZOHAR.

Certains mots ont tant servi que, devenus frustres, comme des monnaies trop maniées, ils ne montrent plus rien de distinct, ni à l'avers ni au revers.

Pour un lecteur d'Armand Sylvestre ou de Zola, l'amour est une chose sans rapport avec ce discours ; pour mon curé, c'est un péché ; pour quelques-uns, c'est le seul nom de la vertu. Il convient de laisser Chamfort avec sa définition impertinente, et Schopenhauer en tête-à-tête avec le génie de l'espèce.

« De l'amour ». Quelles syllabes magiques : tout le monde entend et personne n'explique.

Il y a de quoi trembler, pour hardi que l'on soit, à écrire ce titre, quand on connaît l'amas incroyable

de fatras accumulé. On trouve dans le dictionnaire
« Amour, sentiment d'affection d'un sexe pour
l'autre ». L'Amour peut être moins qu'un sentiment, une sensation, ou plus qu'un sentiment, une
idée.

L'Amour ne change pas de nature, suivant son
objet.

L'amour de saint François au cantique des créatures, l'amour de sainte Thérèse pour Jésus-Christ,
l'amour de l'artiste pour son art et des vieux grena-
diers pour leur Napoléon, ces amours doivent rentrer dans la définition qu'on donnera.

Je propose celle-ci :

*L'Amour est le mouvement de la personnalité cher-
chant sa confirmation, sous un rapport de sensation,
de sentiment ou d'idée, ou quelque fois sous ce triple
rapport.*

Cette phrase manque de beauté : on la voudrait
lyrique.

Préférerait-on ?

*L'Amour est la projection de la personnalité cher-
chant son reflet dans autrui — reflet sensoriel, ou
animique ou spirituel.*

Ou bien :

*L'Amour est cette volonté qui tente de donner ou
de recevoir l'illusion de l'Absolu.*

Ou encore :

*L'Amour est la manifestation suprême de la cons-
cience, transportant sa puissance sur un seul être.*

A mesure que le terme varie, la notion perd sa netteté. Le premier énoncé s'applique aussi bien au mysticisme qu'à la salacité, au saint qu'au viveur. Un dictionnaire seul, par son caractère officiel et patenté, se permet de définir une chose, par quelqu'une de ses circonstances.

La moralité est une qualification. Sur certaines lèvres. sous certaines plumes, l'amour sans épithète devient synonyme de faute. Il n'entre en grâce que sous condition et en fournissant des gages. On ne doit pas s'en étonner. La morale représente une édiction utile, inspirée par la nécessité et circonstanciée suivant les heures et les lieux, et de caractère répressif. Nul n'a vu une pancarte commençant par « Il est permis... » La loi ne parle que pour défendre et un enfant du cathéchisme connaît mieux les péchés capitaux que les vertus cardinales. Un cœur jeune et vif se rébellionne en voyant toutes ses attractions contrariées, et qu'il n'y a pour lui, point de bonheur, hors de la faute.

Ceux qui ont écrit avec quelque scrupule ont expliqué l'amour par son objet et selon la dignité de cet objet : amour de Dieu, amour du beau, amour d'un art ; et de catégories aussi artificielles, rien ne devait sortir.

Ce ne sont pas davantage les circonstances favorables ou contradictoires qui peuvent déterminer la noblesse d'un sentiment.

L'Amour conjugal, qui tend au mariage ou qui

se manifeste par le mariage, est celui que la société approuve, parce qu'il prend la forme sociale et se soumet à une double sanction. Mais faire intervenir dans la queste du bonheur, les idées de famille, de foyer et de patrie, c'est d'une hypocrisie si basse, qu'elle ne sert plus qu'aux politiciens, dans ces circonstances publiques, où la parole elle-même est un trafic.

Je ne méconnais pas la sainteté de la famille : elle prend naissance de l'amour même, qui doit se plaire au foyer et se combine avec la gloire de la race. Un amour heureux, celui que l'on doit souhaiter, aboutit à la fondation d'une famille : mais ici nous entrons dans la sphère des devoirs : ce n'est plus celle d'Eros, qui n'a jamais été ni moral ni immoral, mais démon.

Adam, en s'éveillant, à l'aspect d'Eve, ne crie pas comme un sénateur contemporain lui ferait dire : « Voilà la mère de mes enfants, la prêtresse de mon foyer. » Il ne voit en elle que sa confirmation. Cela implique, en puissance, l'engendrement, qui est aussi une confirmation.

Le problème érotique, en lui-même, présente déjà tant de sublimité et de difficulté qu'il convient de l'envisager, du point de vue individualiste ; car il se présente toujours ainsi : les relativités sociales ne se produisent qu'après la passion, comme des corollaires.

Entêtés de plaisir ou de vertu, les théoriciens de

l'amour le subordonnent à leur doctrine ; et les uns en font une seconde gourmandise, les autres un état de perfection et de renoncement. Or, Eros n'est ni matériel, ni immatériel ; il ne connaît ni le sacrilège ni le devoir, il est de mouvement le plus vif de la vie, dans tous les sens et sous tous les vocables.

Nous sommes l'unique objet de nos amours, qu'il faut envisager comme des polarisations. L'homme s'aime dans son corps et il l'affirme par sa volupté ; dans son âme, car il tend sans cesse à conquérir d'autres âmes ; dans son esprit, car il forme perpétuellement des vœux d'expansion.

L'Amour, c'est le moi des philosophes officiels, dans son mouvement confirmatif.

Et ce moi apparaît comme le centre d'un triple rapport. Il convient de légitimer cette triplicité : le catéchisme, qui pourrait la donner en concordance d'un Dieu unique d'essence, ternaire de personnes, nous dit que l'homme est constitué par un duel. Tout ce qui n'est pas corps est âme ou *vice versa* : on pense à M. Jourdain et à son vers et prose. Sans remuer de grands arcanes, il est clair, même pour un esprit ordinaire, que les phénomènes de l'affectivité ne sont pas semblables à ceux de l'esprit, et qu'il faut séparer la passion de la pensée, et l'amour qu'inspire une Carmen, du fait d'écrire sur elle une partition.

Nous sommes trois personnes : charnelle, affective et spéculative.

Stendhal voit des amours différents, selon que la sensualité ou la vanité y domine.

Ici s'impose la doctrine des diathèses. Il n'y a pas d'amours, il n'y a que des amoureux, puisque nous avons admis que l'amour est le mouvement de la personnalité.

Sans le reflet dans l'eau ou sur le métal poli, l'homme n'aurait jamais vu son visage ; sans le reflet dans autrui, l'homme n'aurait jamais senti son âme.

Le reflet physique nous révèle notre forme ; le reflet sentimental nous révèle notre essence.

Les relations originelles entre l'homme et l'univers furent des hallucinations renaissantes ; même rassuré par la périodicité phénoménale, notre ancêtre dut s'effarer, en face du mystère cosmique. L'œil craintif ou combattif de l'animal ne lui enseignait que la désespérante loi de la force, « Adam », dit la Genèse, « nomma de leur nom de relation tous les animaux : mais il ne trouva pas l'être de transition entre lui et la nature, c'est-à-dire son réflexe ».

La civilisation n'a pas changé les termes du problème sensible ; elle substitue la société à l'animalité et actuellement on pourrait écrire : chacun cherche l'être de transition entre lui et la société, c'est-à-dire son réflexe. L'illettré auquel on demande compte de son célibat répond : « je n'ai pas trouvé ma moitié de poire ».

A Paris même, au printemps, qui n'a remarqué des couples alanguis, recueillis, silencieux et lents, dans le crépuscule. Ce sont des amoureux ; oui, ce sont des êtres qui cherchent leur conscience et leur baiser touche à un ineffable mystère, à celui pour lequel Faust a veillé dans son laboratoire. Ces ingénus sont d'inconscients alchimistes ; ils cherchent aussi à opérer un grand œuvre, à tirer le subtil de l'épais, et le pur de l'impur.

Le mystère se manifeste à chaque créature, comme le soleil, selon sa réceptivité. Le cultivateur voit dans l'astre le recteur de ses récoltes et Léonard l'image du Créateur.

Un lys est une plante monocotylédonée, à étamines périgynes ou le symbole de la pureté, de la fierté : la larme est une sécrétion muqueuse ou la plus belle expression de l'âme.

L'amour, en grec, s'appelle le Désir ; et ce nom synthétique, le seul qui lui convienne, comprend toutes les idées, sans qu'aucune soit essentielle à sa signification.

L'eau prend la forme du vase où on la verse, ronde, cubique, verticale ou horizontale.

Nous sommes des vases dont la vie épouse les limites et les formes.

Confirmer c'est appuyer d'une preuve, d'un signe, d'un acte, une question sujette au doute et susceptible de négation.

Confirmer une personnalité sera donc consentir à son désir, qu'il soit de la terre ou du ciel.

— « Vois, je suis l'univers, et beaucoup plus que l'univers, car tu peux me posséder pleinement — oui, tu es l'univers tel que je peux le posséder ; — et le bonheur résulte d'une rencontre de nos reflets. »

Voilà à peu près l'antienne amoureuse et son répons. Notre reflet, preuve de notre âme, comme notre ombre, preuve du corps, voilà ce que nous voyons, en échauffant une âme ou des âmes, une femme, une foule, une élite, une époque.

Ce qu'on nomme égoïsme, c'est l'illégitimité d'un vœu. Saint Georges, Thésée et les héros sont aussi surnaturels que les monstres qu'ils exterminent ; et nul ne plaint le monstre qui accomplit son destin en reflétant dans son sang répandu la divine prouesse.

Par le risque qu'il court, le héros paye sa prétention et l'acte d'amour pour lui-même, qui le pousse à tuer le dragon.

Le dernier venu s'aime autant que ferait saint George. On peut se sentir laid, lâche, indigne, et souffrir de tout cela, sans cesser l'amour de soi, si fort que rien ne le lasse.

A côté de l'instinct de conservation, plaçons l'instinct de confirmation.

« Je pense, donc je suis » est bien un mot qui sent le poèle de Hollande, c'est-à-dire la vision métaphysique séparée des éléments réels. Mes chats pensent davantage que certains hommes qui cependant occupent une fonction sociale de meneurs d'hommes.

« Je m'aime, donc je suis » serait meilleur. Le jeu des attractions et des répulsions constitue un phénoménisme permanent. Notre pensée opère par désir. Une idée nous séduit, une autre nous répugne. Un cerveau se comporte comme un cœur ; il fournit des raisons et là se borne la différence. A peine les métaphysiciens ont-ils aperçu un aspect peu connu de la vérité, qu'ils en font le centre d'un système et sacrifient la vérité même à leur vision. On aime sa pensée, comme sa maîtresse ; et l'austérité de la matière ne diminue pas la passionnalité.

Dès que ses mains peuvent saisir, l'enfant prend possession de la terre, il la pétrit, il la modèle, il lui impose des formes : et il crie pour obtenir le bercement, la caresse et provoquer l'incantation de la mère et de la nourrice. Conscient à la fois de sa faiblesse et de la séduction qu'il exerce, il alterne la colère et la câlinerie. Jusqu'à l'adolescence, l'être réagit contre les faits plutôt que contre les idées qu'il reçoit de l'exemple et du milieu.

La vie intérieure commence parfois à la retraite de première communion ; en tout cas, elle conduit au seuil du mystère ; la conscience obéit, en ce mouvement, à l'incitation familiale. Comment désirer ce qu'on ignore ? La personnalité a pour première étape la puberté. Certes, la fleur d'amour a le sort éphémère et se fane souvent dans une lamentable rencontre ; mais ses racines pousseront profondément leurs ramifications et la sève ne s'y tarira qu'avec la vie.

La puberté ouvre le monde des attractions et on comprend déjà que « nul ne peut avoir ni plus petite, ni plus grande seigneurie que celle de soi-même ». En suivant l'analogie de l'image, un seigneur dépend d'un suzerain et il a au-dessous de lui des vassaux ; il sert le premier, les seconds lui obéissent. Il faut encore ici une confirmation.

L'Orient a pensé avant nous et plus longuement que nous : ses découvertes dans le domaine transcendental sont telles que nous ne pouvons toucher à une question abstraite, sans avoir au préalable pesé son opinion.

Le Pentateuque, dans ses premiers chapitres, contient des notions très antérieures à Moïse.

On y voit les Elohim inquiets de la solitude d'Adam. Or, Adam a été créé homme et femme, androgyne, il est complet, heureux : il n'évoluera pas, il restera dans l'inconscience. La version vulgaire parle, comme la traduction ésotérique : l'homme est sans désir, immobile mentalement. On fait défiler devant lui tous les animaux, tous les oiseaux, pour voir comment il les. appellera ;

mais l'homme ne trouve point d'aide semblable à lui. « Alors Ioah Œlohim suspendit la sensibilité d'Adam, rompit son unité androgyne et isolant un de ses côtés (passif ou réflexe), il l'individualisa par une forme où la courbe dominait.

« Ensuite, il développa le positif d'Adam, quantitativement, pour tenir la place de son côté passif, désormais personne distincte, et il amena cette personne à Adam.

« Voilà le réflexe de ma sensibilité et la forme qui correspond à ma forme. On l'appellera Aïscha car elle a été prise de Aïsch (l'homme). »

Cette opération de chirurgie qui semble couper le premier être dans le sens vertical, mérite qu'on la prenne pour l'image forcément lourde et brutale d'un fait mental.

Selon le texte, Aïscha était dans Aïsch et Aïsch ne sentait pas Aïscha : on ne saurait mieux rendre l'état d'inconscience. Dès que la femme se révèle, comme une nouvelle personne, Adam la reconnaît pour sa moitié, il précise sa mission de réflexe et de complémentaire. Il sait qu'elle sort de lui ; il exulte d'être ainsi dédoublé. Il vit, car il désire ; il vit, car il aime. Qui ? Lui-même encore, puisqu'Eve est une moitié de lui-même.

Le puceau, à la vue de la jeune fille, s'écrie aussi : « Voilà le réflexe de ma sensibilité et la forme qui correspond à ma forme », et plus moderne il dirait : « voilà le moyen de mon évolution, et le thème initial de ma conscience ».

Maintenant nous reprendrons la formule platonicienne, elle paraîtra plus claire.

Le péché originel tient trop de place dans notre littérature sacrée, pour qu'il soit besoin de justifier son évocation : celui qui ne le connaîtrait pas par le catéchisme le découvrirait dans Milton ou dans Musset.

Nous avons vu cette fresque où il n'y a que trois unités : Dieu, l'homme et le monde.

L'homme dédoublé donne naissance au binaire : il n'y a plus d'androgyne, complet, tranquille, parfait ; il y a un homme et une femme incomplets, inquiets, imparfaits. Il faudra que le Binaire se manifeste dans l'ordre abstrait : l'homme ne s'est compris que par sa division ; et cette division se répercutera dans son cerveau.

Un quatrième personnage entre en scène, Nahash : pour mon curé c'est un serpent. Nous sommes dans un verger, le premier couple peut manger de tous les fruits, sauf d'un seul, celui que produit l'arbre du milieu.

Or, le milieu représente le centre des rapports, et là se connaît, en effet, le bien et le mal, l'antinomie primordiale.

Nahash représente exactement l'être intermédiaire entre Adam et les Œlohim, c'est un démon, le diable, c'est donc Eros, sous une forme héraldique, le Désir pris comme une entité cosmique.

Nahash Eros a des incitations irrésistibles : « si vous mangez du fruit défendu, vous serez comme des dieux ». Aïscha eût été une brute, si elle avait résisté à une telle tentation. Le fruit se trouva bon au goût et même dans la version de Segond « il était précieux pour ouvrir l'intelligence ».

Légitimement, Aïcha en fit manger à son mari moins évolué qu'elle, car il n'était pas capable d'un colloque avec le serpent.

On objectera que Ihoah Œlohim fulmine contre Nahash et le traite en mauvais principe : mais il y a d'autres étrangetés dans la traduction protestante, la moins accusable de mysticisme. L'Eternel Dieu ne dit-il pas ?

« Voici, l'homme devenu comme l'un de nous, connaissant le bien et le mal. Empêchons-le de manger de l'arbre de vie et de vivre éternellement. »

De telles phrases sont folles : l'antinomie ne constitue pas une notion divine : et cette crainte, que l'homme ne mange du fruit de vie, nous ramène au Zeus d'Aristophane « qui veut conserver les hommes, mais en diminuant leurs forces ».

Quel fut l'effet du fruit magique ? Ils virent qu'ils étaient nus. Au centre des rapports, ils avaient donc découvert la pudeur « et ayant cousu des feuilles de figuier ils se firent des ceintures ». Combien on souffre à penser que l'esprit occidental remâche pieusement un pareil bétel ! Ils virent.

qu'ils é aient de **pauvres êtres**, incapables de supporter les mystères entrevus et leur esprit se voila et ils tremblèrent dans leur faiblesse.

Si on pouvait corriger le ton trop rude de l'Eternel sémitique qui vraiment convient mal à un Dieu ; en ôtant les comminatoires qui hérissent la clé de ce morceau, voici à peu près, littéralement, ce qu'il en resterait : « Qui t'a révélé ta relativité, si ce n'est ce centre des rapports que je t'avais interdit : je devrai donc désormais multiplier les points vulnérables où Nahash pourra t'attaquer sans cesse, mais je multiplierai les points sensibles entre toi et Aïsch ; tu seras toujours extrême, en perpétuelle et douloureuse appétence, entraînée vers Aïsch, tu n'aurais pas d'existence propre, tu ne seras colorée que de son reflet. — Et toi, Aïsch. puisque tu as cédé à ton réflexe : sois donc conscient. conçois tes relativités et tes rapports et vois qu'il te faut désormais mériter par la douleur, seule salutaire maintenant, ton immortel devenir.

« Ton esprit s'embarrassera sans cesse dans ces relativités et ces rapports que tu as voulu connaître, jusqu'au jour où tu redeviendras androgyne par ta réunion à ton passif réflexe : car ayant été dualisé, tu dois, par ton propre effort, revenir à ton unité. »

Alors Adam appela Aïscha du nom de Heva (vie) parce qu'elle était le commencement et

l'occasion de son devenir. L'éternel fait au couple
des habits de peau et les en revêt.

Le prologue est joué ; quand le rideau, qui
tombe, se relèvera, nous verrons l'humanité au
labeur.

Une partie du public ne vénère pas ce vieux
texte, une autre le respecte au point de ne pas oser
le traduire raisonnablement : et ni les positivistes
ni les fidèles n'accepteront cette interprétation.
Elle apporte un notable éclaircissement au sujet.
Adam à l'état instinctif, limité en ses vœux, être
élémentaire, ressemble à un chat colossal au
milieu des autres bêtes du parc primitif. Il est
sans désir, même physique puisqu'il est bisexué.
Et sans désir, il n'y a point de vie morale. Coupé
en deux, il se réunit si aisément à sa moitié que
le désir sexuel ne suffit pas à son évolution.
Nahasch survient et à la réceptivité de la femme
il offre les plus grands mirages qui soient, l'inconnu le plus prestigieux, les ambitions les plus
démesurées : il lui révèle le monde supérieur de
l'esprit et de la causalité : il lui inocule le désir,
ferment unique de toutes les activités.

Désormais l'homme ne sera jamais satisfait, ni
tranquille : éternellement actif, il a reçu l'impulsion divine de l'amour ; son cœur dépassera sans
cesse, en ses mouvements, le but visible.

Le péché d'Adam, dit la Kabbale, consiste à
avoir détaché la branche Malchut, de l'arbre séphi-

rotique. Malchut (royaume ou monde des formes) représente la sphère du devenir où le premier couple est entré malgré la défense divine, c'est la dernière séphire dans l'ordre descendant, celle où l'influx divin et l'effort humain se rencontrent, où s'opère le miracle.

Pour ce qui tient à l'âme, nos connaissances n'ont jamais progressé ; et les professeurs de psychologie ne sauraient croire qu'ils égalent les vieux prêtres du Nil, éducateurs de Moïse. Il s'agit de comprendre et non de contredire les traditions, sans s'arrêter à de vieilles expressions aisées à réduire au sens moderne.

L'identification d'Eros et de Nahash sera peut-être repoussée. Les hellénisants ne sont pas Kabbalistes ni les Kabbalistes hellénisants et le sectarisme sévit dans la région métaphysique. Personne cependant ne niera l'espèce de certitude qui se dégage d'un tel rapprochement.

L'identité des effets sert de preuve. Eros et Nahash sont une seule personne, puisque leur œuvre se confond.

Pour l'auteur du *L' reschit*, comme pour Platon, l'amour est bien ce mouvement de la personnalité cherchant sa confirmation, d'abord sous le rapport organique, ensuite sous celui animique, enfin dans l'incommensurable spiritualité.

Et comme l'amour est intermédiaire entre le mortel et l'immortel, il n'est ni beau ni laid, ni bon ni mauvais en soi, mais l'un et l'autre, tour à tour.

Un mouvement ne peut se qualifier, sinon par ses résultats. Il agit au centre des rapports, passant et repassant de l'ombre à la lumière ; et sa seule caracté.istique consiste en ce passage.

Qu'est-ce qu'un intermédiaire? Ce qui placé entre deux termes conduit l'action de l'un sur l'autre. L'amour, placé entre la spiritualité et l'instinct, conduit l'action spirituelle dans le domaine des attractions et relie ce domaine à celui des idées : il involue l'esprit dans la matière, il évolue la matière jusqu'à l'esprit.

Conservons la même notion et entrons au lieu le plus positif de notre monde, dans le laboratoire : là l'intermédiaire sera la substance qui opère la mixtion des ingrédients.

L'Amour remplit ce rôle pour les trois ingrédients constitutifs de l'homme : un baiser est à la fois une sensation, l'expression d'un sentiment et la manifestation d'une idée. Aucune autre passion ne met en jeu la triple nature humaine. L'œuvre dramatique, qui a pour caractère essentiel de s'adresser à un collectif, est impossible sans l'amour, seul mouvement confirmatif de la personnalité. *Athalie*, cette splendeur, ne se tiendra jamais au théâtre, malgré que la foi de Iehovah y soit d'une ardeur extrême. Les poèmes ne sont en somme que des variations de la scène édénique du vénérable « *Béreschit* » : on ne demande à l'art guère autre chose, et cela se conçoit. Nulle autre ne procure des minutes parfaites où la personnalité soit pleinement ravie.

De toutes les faces du mystère, ce polyèdre rayonnant, la seule qui nous sourit est celle-là. Parce que l'humanité fait l'amour comme elle fait à peu près tout, stupidement et inconsciemment, cela n'empêche pas le mystère de continuer sa dignité ; quoi qu'on opère de vil à sa radieuse lumière, on ne souillera pas le soleil.

L'amour n'est point vil, ni noble. Il ne tire pas sa qualité de son objet, comme on l'a trop dit, mais bien de la personne, puisque c'est un mystère ; et le mystère est une notion qui n'existe que dans les esprits qui le conçoivent.

De façon générale, notre pays, au moins dans ses professions officielles, refuse son consentement au mystère : chez l'individu, c'est une élection que ce consentement, une aristie véritable ; et en nulle sphère, l'individualisme n'affirme aussi justement sa légitime grandeur.

L'amant, frère du héros et du génie, héros sans histoire et génie sans œuvre, représente, dans son ombre, la seule beauté qu'on puisse réaliser, malgré les hommes, et qui existe, sans l'assentiment d'aucun. L'amour est maître, non de ses manifestations, mais de son vœu : c'est le vrai nom du libre arbitre.

Le kurde confirme sa personnalité islamique en massacrant l'arménien ; la sœur de charité, sa personnalité évangélique en soignant les pauvres ou les lépreux ; l'artiste, sa personnalité esthétique en sacrifiant sa santé et sa paix à la perfection d'une œuvre ; et le premier venu en courtisant la première venue.

Le chasseur qui trouve une fraîche paysanne ou l'oisif qui rencontre une fille, se confirment en leur instinct et en leur vice. Les rencontres d'âmes sont rares et toujours graves : les rencontres d'esprit plus rares et plus graves. Quant à la triple rencontre, c'est la formule du grand œuvre humain.

Cet ange qui a six ailes et qui ne change jamais, dont nous parle la cabale, est le couple béni qui a pu réaliser sa triple harmonie « deux corps et le même désir, deux cœurs et le même battement, deux esprits et la même pensée ».

Baudelaire, plus grand docteur de psychologie qu'aucun de ceux qui l'enseignent, a dit magnifiquement dans la *Mort des amants*.

> Nos deux cœurs seront deux vastes flambeaux
> Qui réfléchiront leur double lumière
> Dans nos deux esprits, ses miroirs jumeaux.

C'est bien l'évocation de l'ange kabbalistique que le poète des *Fleurs du mal* ignorait et qu'il a deviné par ce privilège du génie, de retrouver sans rechercher et spontanément ce qui gît sous la poussière des traditions.

Une dernière fois, ouvrons le Bereschit : Ihoah Œlohim dit « ton esprit s'embarrassera dans ces relativités et ces rapports jusqu'au jour où tu reviendras androgyne par ta réunion à ton passif réflexe, Aïscha ; car ayant été dualisé, tu dois, par ton effort, revenir à ton unité ».

L'amour serait donc, pour nous, le retour à l'unité, retour conscient, méritant, définitif, c'est-à-dire éternel.

Quelle transfiguration de l'Adam primitif ! Comment reconnaître l'ingénu de la Genèse dans cet être qui connaît en effet le bien et le mal, et qui parvient à être tout bien, tout lumière, tout amour.

Adam et Eve, à l'état d'unité consciente, ne connaîtront plus de désir l'un pour l'autre ; leur double désir se tournera vers de nouveaux mystères, plus doux parce qu'ils seront plus élevés.

Un nouveau Nahash, Eros persuadera l'heureux couple pour d'autres audaces, légitimes cette fois et sans dam. Désormais la progression sera constante et indéfinie ; ce sera le devenir mais harmonieux, normal comme un passage rythmique d'une sphère à une autre supérieure.

Cette conception de l'Amour, la plus ancienne qui soit, cadre avec les plus diverses initiations, d'Orient et d'Occident : mais elle implique une croyance, c'est-à-dire une certaine attitude devant le mystère, attitude dévote, attentive, à la fois curieuse et religieuse. Le positivisme ne verra qu'une rêverie dans un système délibérément spiritualiste. Seulement cette rêverie a été faite, d'âge en âge, par les plus admirables des hommes, elle se revêt donc d'un caractère œcuménique. Nous devons tenir pour probables les notions les plus belles, car leur beauté au moins ne nous décevra pas : l'homme en se promettant les destinées les plus hautes ne se trompe pas, il aura toujours eu l'orgueil de son but !

La véritable idéalité regarde ce monde et l'homme, en face ; elle ne s'entête pas à produire un être artificiel, elle accepte la création, comme il convient à la créature, mais elle cherche comment la créature peut devenir créatrice à son tour ?

En mangeant de ce fruit de vie qui croît au centre des rapports ! Les hautes branches montrent le ciel, quelques profondes que soient les racines dans la terre. L'amour ou le désir se manifeste au raz du sol, puis il croît, il s'élève ; et ses ultimes frondaisons habitées par les oiseaux s'offrent aux rayons solaires. Cette image aurait besoin de plusieurs aspects : la croissance végétale obéit à des règles précises, tandis que le mouvement d'une personnalité se modifie sans cesse, en intensité comme en direction. C'est la misère de l'expression métaphysique que cette inexactitude fatale entre le phénomène intérieur et la réalité naturelle. L'aspect spirituel n'offre jamais ces lignes nettes et tranquilles du monde extérieur, et d'autre part, l'eau se vaporise, le vent tombe, le feu s'éteint, tandis que l'âme reste éternelle.

En vain demanderait-on au monde élémentaire les images de la personnalité : il faut se résigner à saisir quelques accents colorés et symptomatiques et les approprier à l'esprit contemporain.

L'Amour n'est donc plus pour le lecteur « un sentiment d'affection d'un sexe pour l'autre », mais le sentiment d'affection de l'être humain pour lui-même, qui se manifeste communément, mais non essentiellement, selon la polarisation sexuelle.

Sans doute pour la correspondance des formes. l'amour peut se nommer l'attraction d'un sexe pour l'autre.

Mais l'âme, quelle part a-t-elle dans la division sexuelle ? Nous avons aperçu Œlohim, prenant un côté d'Adam, par une section verticale. Socrate dit que Zeus opéra de la manière dont on coupe les œufs, lorsqu'on veut les saler ou qu'avec un cheveu on les divise en parties égales.

« Il commanda ensuite à Apollon de placer le visage et la moitié du cou, du côté où la séparation avait été faite.

« Le Dieu ramena les peaux coupées sur ce qu'on appelle aujourd'hui le ventre, de la façon dont on ferme une bourse, n'y laissant au milieu qu'une ouverture qu'on a appelée nombril. Quant aux autres plis, il les polit, et façonna la poitrine avec l'instrument des cordonniers pour polir les souliers sur la forme, et ne laissa que quelques plis sur le ventre et le nombril, comme des souvenirs de l'ancien état du corps humain. »

Nous sommes d'accord que l'homme se compose de trois éléments. Il faut donc découvrir quelle a été la modification subie par les deux plus élevés.

Adam androgyne avait donc une âme et un esprit androgyne : et la femme serait la moitié animique et la moitié spirituelle de l'homme, comme elle est sa moitié physique ?

Les théologiens, en concile, se sont posé cette question. En isolant Aïscha de Aisch, Iohah, lui a-t-il donné une âme personnelle, ou a-t-il dédoublé l'âme, comme il a fait pour le corps ?

Ce dédoublement a-t-il été radical, isolant le passif de l'actif ?

Ou bien l'âme a-t-elle conservé son androgynisme ?

En ce cas, l'esprit seul attesterait le sexe intérieur.

V

LE SEXE DE L'AME

*— Si tu avais le corps selon la vertu, tu
vertu, tu n'aurais aucun désir en ce monde.*

LÉONARD.

*— Le commencement de la perfection se trouve
dans le sentiment de l'imparfait.*

—

De l'un entre l'autre,

HÉRALDIQUE.

Plus une matière est obscure, plus il convient
de l'éclairer par des exemples contemporains.

Le Féminisme, envisagé, soit avec Mme Renooz,
la doctoresse de la secte, soit avec les bas bleus et
peintresses pullulantes, représente autre chose que
l'insuffisance érotique des hommes contemporains
— autre chose que la nécessité qui pousse à l'art,
par besoin de luxe ou de pain — autre chose que
les coqcigrues propres au sexe : le féminisme représente une modification dans les naissances animiques.

7

Le nombre des femmes, qui se sentent hommes, s'accroît journellement ; et l'instinct masculin les conduit à des actions viriles, dans la proportion où le nombre des hommes qui se sentent femmes abdiquent, et devenus passifs, passent virtuellement au plan négatif.

La monstrueuse George Sand, papesse des gynandres (1), qui coucha avec tous les hommes illustres de son temps, qui toucha à toutes les questions et pondit sans relâche des œuvres diffuses et prestigieuses, incarne le type du féminisme : morale masculine, production masculine; émancipation radicale du devoir de catégorie, usurpation spirituelle dans tous les domaines.

La bonne dame de Nohant fut homme en ses amours innombrables ; comme un gendellettre elle alimenta sa verve avec les impressions de ses nuits ; Lélia, la femme à chair molle, absorberait l'humanité sans se ressasier : elle ne digéra rien : « transito di cibo » dit Léonard. On ne trouverait pas, en ses romans, une note vécue ; et personne n'a brassé autant d'amants, ni si différents, ni si remarquables. Le résultat : des fantoches sans réalité, des histoires de passion où ne se rencontre pas un accent vrai, une touche vibrante. Cerveau

(1) Androgyne s'entend de l'homme féminisé (ne pas confondre avec efféminé) : gynandre de la femme hominalisé (ne pas confondre avec virago).

mou, qui reçoit toute impulsion et ne garde l'empreinte d'aucune, insatiable en passion, inlassable en production, et doublement remarquable par sa sérénité en amour et sa fécondité littéraire, Sand est le type accompli de cet être hydrique et désharmonique qui est, à la fois, homme et femme, comme le centaure est homme et cheval.

L'androgyne (1), lui, n'est pas un monstre composite, il a l'un ou l'autre sexe ; il s'appelle Achille ou Jeanne d'Arc, et, dans l'art, Mignon ou Chérubin. Pendant la toute première jeunesse, on le reconnaît à quelque chose de garçonnier chez les filles et de féminin chez les garçons : dès que le sein se gonfle ou dès que la lèvre s'ombre, l'extériorité se range à l'aspect sexuel commun. Précisément à l'heure où le caractère visible disparaît, l'âme, jusque-là masculine ou féminine, commence à se dualiser ; elle devient le théâtre d'impressions contradictoires. Ses attractions parfois semblent vicieuses. Ici s'ouvre une parenthèse assez grave de conséquences. L'âme d'un être n'est pas forcément du même sexe que son corps : je ne dis point qu'elle soit de l'autre. Son instinct et sa

(1) Il n'est pas question ici de l'androgyne comme archétype de beauté et sous l'aspect esthétique : ce discours ne traite que de l'animisme propre au troisième sexe. Pour l'aspect esthétique de la question, voyez dans la collection. Les idées et les formes : *De l'Androgyne* (théorie plastique) Sansot, 1910.

sensibilité ne s'émeuvent pas en conformité avec l'organisme ; et cet instinct composite et cette sensibilité disparate constituent une personnalité hors catégorie, et exactement un troisième sexe.

Venerem observam solam hominibus convenire : c'est la seule phrase latine de Léonard de Vinci ; et je n'apporte pas une diatribe contre le grand Frédéric, ni contre l'ignoble Méphistophélès qui parle ainsi à un ange, dans la fin du second *Faust :* « Toi, toi surtout, grand gaillard, je t'aime, seulement ta mine de sacristie me gêne. Voyons, fais-moi de l'œil de façon un peu... lascive. Vous pourriez montrer un peu plus vos formes, la longue chemise qui vous enveloppe me paraît ultra morale ». La volupté n'est légitime que d'un sexe à l'autre, sans invocation de morale, au nom de la Norme, que nul ne méprisera sans sortir du véritable état de grâce : il consiste à se maintenir en harmonie avec les lois de la Création.

C'est beaucoup plus qu'un péché, de chercher la sensation unisexuelle, cela déroge à l'ordre admirable dont nous ne pouvons espérer, en nos plus hautaines ambitions, que d'être les parfaits exécutants, puisque cet ordre représente la volonté divine, dont nous sommes le reflet vivant.

Tristan et Yseult ont été pour nos aïeux le couple idéal de la passion, Wagner l'a ressuscité dans la seule langue universelle, la musique ; aucun être cultivé qui ne tienne ce chef-d'œuvre pour l'expression suprême de l'amour.

Wagner savait-il qu'il mettait en œuvre le mythe très secret de l'androgyne ! Il eut plusieurs fois l'impression « d'en avoir trop dit » : il connaissait donc la portée ésotérique de son ouvrage ?

Ceux qui ont entendu Bagès, ce délicieux wagnérien de l'intimité, connurent le meilleur Tristan (je ne parle que pour ceux de ma génération) : il rendait à merveille le caractère féminin de l'amant.

Au premier acte, le héros ne paraît que sur l'appel d'Yseult, il oppose son devoir aux fureurs de son amante, il observe les bienséances, comme un du théâtre de Racine. Esclave de son honneur, il exaspère tellement Yseult, avec sa pudeur, avec sa vertu, avec ses bienséances, qu'elle veut l'empoisonner et mourir de la même coupe.

Au second acte, les appels d'Yseult prennent un caractère de hardiesse, dirai-je de rut ; enfin, au dénouement, c'est elle qui prononce l'oraison funèbre. Si le spectacle ne suffit pas à montrer que dans ce couple, Yseult est l'homme et Tristan la femme, la musique le prouvera. Les motifs d'Yseult sonnent la volonté, la décision, ceux de Tristan se teintent de passivité, même dans l'ardeur. Où est le mâle, où est l'homme, dramatiquement, musicalement ?

La même contexture se retrouve dans « l'Anneau ».

Siegfried inconscient, impulsif, brave et stupide, n'a pour lui que le rayonnement de sa jeunesse.

Il ne connaît pas la peur, soit ; mais il ne connaît rien davantage. Brunehilde lui a appris l'amour, les runes, lui a donné ses armes : elle viendra encore contempler la mort de l'homme aimé et fera ce qui convient, avec une sérénité incroyable.

Wagner a mis en face d'elle, une femme bien femme, Gutrune, véritable Allemande celle-là. Malgré la forge de l'épée et l'enclume coupée en deux et la lance de Wotan brisée, et le passage dans le feu, malgré ses gros poings, Siegfred a une âme de femme, en face Brunehilde vraiment virile.

Un autre couple, Frédéric et Ortrude, présente encore le même dualisme où la femme manifeste le principe actif.

Ces exemples suffisent à prouver que l'âme a un sexe, le sexe de sa pensée et de son activité : le sexe de ses vœux et de sa vie.

Nous sommes convenus que l'esprit est distinct de l'âme ; nous comprenons un dédoublement de la sensibilité : l'art nous le démontre. En tirant Eve d'Adam, qu'advint-il du cerveau primitif ? Fut-il divisé comme l'âme affective ; la pensée féminine est-elle la moitié de la pensée humaine ? Retournons dans le parc (paradis) ou Aïsch et Aïscha se possédaient, en un accord d'actif à passif.

Pourquoi Nahash-Eros s'adresse-t-il à la femme, autrement fine et pénétrante que l'homme ? Adam manque d'audace, son cerveau est lent, il réfléchit aux conséquences des choses et le mystère ne lui dit rien qui vaille ; il fuit le danger peut-être parce qu'il se le figure, tandis que Aïscha suit son désir spontanément, aveuglément. L'intuition opère ici son premier miracle ; Aïscha devine que cette transgression de la défense sera féconde. Elle désire ce secret : sa sensibilité affronte le mystère et, s'en étant fécondée, elle use de sa puissance de réflexe sur Aïsch.

Le désir n'agit sur l'homme que par l'entremise de la femme ; dans cette allégorie, elle n'est pas l'initiatrice puisqu'elle ne sait rien, elle est l'incitatrice, parce qu'elle ose tout.

Que faisait Aïsch, pendant que sa femme écoutait le serpent ? Il se laissait vivre. Supprimez ce serpent et vous avez un couple, dans un parc, qui se possède et qui dort, heureux d'une façon animale. Ce que siffle l'ophidien à l'oreille de la femme, c'est l'éveil de la conscience, la distinction entre le bien et le mal ; le libre arbitre commence, et aussi le phénomène transcendental, la pensée.

Quand Iohah Œlohim a fini ses admonestations, il conclut par cet aparté : « Voilà Adam à l'état de conscience et à l'état d'option entre le bien et le mal, comme un de nous ».

Si Œlohim déclare Adam semblable à lui, c'est

en raison de sa faute qui le fait passer du plan inférieur au plan spirituel ; et ce passage, faste ou néfaste, la femme seule l'a osé.

Ce que Nahash a fait pour le premier couple, il le fait pour les autres : le rôle de la femme dans le paradis, elle le joue dans la société. Elle entend sans cesse la voix mystérieuse qui répète : « Pourquoi vous a-t-on défendu cela ? » et elle ne cesse de désirer le fruit du bien et du mal et, usant de sa puissance de réflexe, elle se fait écouter par l'homme.

Elle a été la civilisatrice par excellence. Croyons-en la fable. Dans le Prométhée, *porteur de feu* du vieil Eschyle, Pandore représente la fille du désir, la porteuse d'espérance. Qu'est-ce que le désir, sinon l'espoir, unique principe d'activité, que Léonard appelle la quintessence. « L'homme d'un continuel désir, toujours aspire au nouveau printemps et toujours à un nouvel état, et à de prochains mois et à de nouvelles années, et quand les choses désirées arrivent, il ne s'aperçoit pas qu'il a aspiré ainsi à sa ruine.

« Ce désir est l'aspiration de l'homme vers son mandataire ; et vous savez que ce même désir et cette quintessence est la compagne de la nature, comme l'homme est le modèle du monde (1) ».

(1) Traité de la Peinture de Léonard de Vinci avec un commentaire perpétuel et 150 figures, in-8°, Delagrave.

Demain évoqué rend aujourd'hui supportable.
Personne ne supporterait la vie présente, s'il n'avait
le refuge du passé et la carrière indéterminée de
l'avenir. Les heures fastes nous ne les vivons qu'à
moitié ; il a fallu les préparer et mieux les payer
par tant d'efforts : les heures amoureuses, malgré
tout, restent incomparables. L'action et l'œuvre
ne se réalisent que par une conquête sur l'indifférence et l'imbécilité générales ; et cette conquête ne
s'accomplit pas sans concessions, contradictoires
à l'objet de l'amour, qui est l'aimant lui-même.

Le catéchisme dit à la question : Quel est le devoir du chrétien ? « Connaître Dieu, l'adorer et par
là mériter la vie éternelle ».

La psychologie se servira de la même formule :
quel est le vœu de l'homme ? Se connaître, se confirmer et par la confirmation avoir des avant-
goûts de la vie éternelle. Nous ne pouvons nous
adorer : le jeu de la conscience nous redit sans
cesse notre indignité et cette redite, d'autant plus
impérieuse que l'individu a le sens de l'idéal,
nous persuade de chercher qui nous adorera.

Etre apprécié, estimé, admiré, cela est de peu
d'effet ; on nous juge et on nous rend justice, cela
équivaut à une satisfaction et non à une joie. Etre
aimé, voilà qui vaut ; être aimé c'est être Dieu,
pour un seul être, cet unique nous donne plus
qu'un peuple, plus que l'humanité même.

Celui qui dit à un autre « toi ! » dans la plénitude de la tendresse, lui offré toute la terre et la part de ciel que la volonté peut précipiter ici bas.

Seulement il faut que celui qui nous dit ce mot ineffable soit « elle » ou « il ».

Voilà pourquoi le sexe de l'âme est un des secrets du bonheur. On a tort de chercher, dans les textes obscurs et fantasmagoriques, la science aujourd'hui perdue de la vie individuelle; les chefs-d'œuvre ne sont tels que parce qu'ils offrent l'explication des mystères essentiels de notre espèce. Pour sortir de l'embarras où nous étions tout à l'heure, en face de la sodomie et de la tribaderie, et montrer que l'androgyne est un sexe animique, un sexe intérieur, il a suffi d'aller à l'Opéra un soir où l'on jouait *Tristan*, de regarder une certaine face du polyèdre et d'entendre, en esprit, une partition familière à tous.

A chaque période historique, la balance sexuelle oscille, non pas l'organique, l'autre, la sentimentale. Aujourd'hui, le plateau féminin l'emporte en positivité sur le masculin, la femme s'hominalise et forcément l'homme incline, quantitativement, vers la passivité.

Il y a tant de gens rétribués pour s'occuper du bien public que ce serait ridicule de s'y employer bénévolement. L'individu seul est l'objet de cette recherche. Aussi bien l'amour est-il cette fière entreprise qui s'enferme dans un duel.

L'amour meut trois sortes d'êtres : les instinctifs qui ne dépassent jamais la zone de la concupiscence ; lesquels aiment, comme on mange, et qui prennent le lupanar pour l'analogue du restaurant : les animiques atteignent le second degré marqué par Platon : ceux-là n'aiment qu'un seul être : ils sont nobles et déjà dignes de louanges. Enfin il y a les androgynes.

Qu'on veuille ne pas oublier les points établis dans une matière encombrée d'à côtés ! Un androgyne peut être également Tristan ou Yseult ; son caractère distinctif consiste dans un désir de perfection. Il apporte dans le péché une idée, qui est presque un idéal, une idée de lui-même, naturellement apothéotique, qui l'oblige à sentimentaliser son instinct et à spiritualiser son sentiment.

Il ne s'agit pas, comme en théologie morale, de la modération dans les plaisirs des sens : puérile notation de clercs. Entre amants ou époux fidèles, cette modération se produit d'elle-même et toujours trop tôt. Il ne s'agit pas, non plus, de gêner sa luxure, en croyant à l'excellence d'une espèce de maigre dans les manifestations érotiques. Si on aime, qu'on caresse à son gré et qu'on puérilise à satiété. Ce qu'il faut, c'est tirer de l'œuvre de chair, comme de la communion affective, une plus-value de personnalité, une réelle confirmation : c'est répéter, à chaque rencontre, la scène mystérieuse de la Genèse, et augmenter ses connaissances métaphysiques, les seules importantes, les seules qui nous serviront réellement.

Quand les hommes d'oraison disaient qu'il n'y a qu'une science qui importe, le salut éternel, ils ne mentaient, ni même n'exagéraient. Mais ils se trompaient en nous proposant leur salut, le salut ecclésiastique, *secundum Melchissedec*.

Nous ne jurons pas tous par la barbe d'Aaron, et, faute de le comprendre, le pape lui-même fait des gestes vains.

Individuellement, vertu de faculté ; socialement, vertu d'état ; le reste nullement négligeable, vient au second plan. La vertu de faculté, qui seule nous intéresse, est celle qui rend utile à autrui. Saint Christophe, géant de peu de subtilité, mit sa force au service de ceux qui avaient à passer un dangereux torrent ; et un jour il eut Jésus sur l'épaule. Admirable leçon, le salut s'opère en mettant en œuvre nos puissances.

La charité, c'est la fusion de trois Karites, c'est tout ce que nous concevons d'indicible : mais quelle inutilité de moudre le vieil air divin : « aimez-vous les uns les autres ». Ceux qui ont l'entreprise de cette sublime rengaine sont les moins serviables des hommes. Que signifie une exhortation, sans l'exemple ?

Il est une objurgation qu'on adressera avec quelque chance d'écho, elle ne contredit pas aux passions, elle les excite dans un sens d'élévation.

Le pire égoïste peut encore trouver en lui une notion chaleureuse de l'amour et apporter quelque lumière, là même où il ne poursuit que son heur.

Sans doute, *le traité de ta concupiscence* est idéalement vrai, et lorsque Socrate nous dit que l'évolution amoureuse, à une certaine hauteur, dédaigne le corps, cherche la beauté, dans les actes puis dans les sciences ; enfin la Beauté sans épithète et sans limite ; il ne diffère pas du grand sermonnaire. Nous n'avons pas un seul livre d'enseignement qui conclut par « soyez un génie », tandis que les ouvrages de piété se résument en « soyez saints ».

Soyons hommes d'abord et sachons ce que la femme nous représente : le Désir. Elle est l'objet du désir en sa personne ; derrière elle, Nahash continue à lui insuffler des appétences de toute sorte, que l'homme doit réaliser.

Pourquoi un financier prend-il à sa charge une danseuse dont il n'a cure ? C'est que la femme représente le luxe, et qu'on ne saurait jouir de l'or sans elle.

Nahash, personnage sans analogue dans la réalité, identifiable avec le diable, ne réunit pas les avis des platoniciens et des catholiques sur son existence, ni sur son essence. En outre ceci est écrit à une époque où la mécanique appliquée accapare la plus grande somme d'intelligence : il convient d'être rationaliste, de parler sans nuages, et le plus platement possible.

La sensibilité féminine affecte une mobilité extrême : une semaine sur quatre, Aïscha passe par un état crisiaque, qui modifie profondément son humeur et souvent ces modifications commencent bien avant le fait.

Chaque mois, il y a simulacre de grossesse et une espèce de fausse couche. Je ne vais pas sur les brisées des médecins, caste impie, sans respect des héros et des dieux qui mettrait les anges à la clinique pour savoir comment s'attachent leurs ailes. Métaphysique veut dire *avec le physique* et l'analogie seule guide bien nos recherches. Donc, la maladie normale de la femme correspond à un état animique aussi agité, qui la rend réceptive aux actions les plus diverses.

Que répond Aïscha à Ioah Œlohim, lui disant : « Qu'as-tu osé ? » — Nahash a entraîné ma sensibilité vers cet inconnu ». Chose étrange, l'Eternel conclut ainsi : « Je multiplierai les points vulnérables où Nahash pourra t'attaquer sans cesse : tu as choisi l'évolution par le désir : tu seras exaucée et Nahash continuera à t'inciter : mais je multiplierai les points sensibles avec ton conscient intellectuel Aïsch ». Ainsi la femme se trouve placée entre Eros et l'homme, elle reflète le premier et se reflète dans le second. « Sans cesse entraînée vers ton positif Aïsch, dont tu es le réflexe ; tu n'auras pas d'existence propre et tu ne seras colorée que de son reflet ».

Or, nous assistons, comme je le montrais, en commençant, à une tentative d'émancipation féminine, qui tend à une existence propre, indépendance matérielle par le travail, indépendance intellectuelle par l'application aux lettres et aux sciences. L'ère des gynandres commence.

Soit que l'homme ait résisté à la séduction, soit que la femme actuelle dédaigne ce moyen séculaire d'exister, elles sont légion celles qui aiguillent leur vie, de façon active : et pour qu'un tel fait ait lieu, il faut qu'une révolution se soit produite dans la sensibilité d'une race. De ce cataclysme nous ne voyons que les conséquences extérieures ; l'événement s'est passé dans le secret des intimités. La foi dépend du clergé et de ses exemples, l'état de l'amour dépend de l'homme. Collectivement, il a les femmes qu'il mérite, parce que Aïscha, en qualité de reflexe, réalise la pensée de Aïsch, elle devient perpétuellement sa femme, c'est-à-dire, selon l'expression de Brunehilde à Wotan, « sa pensée visible ». La responsabilité de l'homme, dans la décadence féminine, ne fait point de doute. Si l'idéalité s'est perdue, c'est que le mâle ne la projetait plus : le contemporain se peut mirer dans l'âme de la contemporaine, il s'y verra bien laid, s'il a gardé la notion du Beau.

Chaque fois que Dieu paraît dans une scène des livres sacrés, il convient de se souvenir que les trois termes du temps n'existent que pour l'éphémère et non pour l'Eternel. L'allégorie de la Genèse nous peint des faits permanents, non une aventure ayant date. En conséquence, le verset 19 du c. III, doit être lu pratiquement, de la façon suivante :

« Tu t'embarrasses sans cesse dans ces relativités et ces rapports que tu veux connaître, tu ne soulageras ton angoisse que par la plus étroite communion avec ton passif réflexe ; ton dam intérieur vient de ce que tu es séparé d'une partie essentielle de toi-même ; tu n'as qu'un remède à tes maux, c'est de revenir par l'effort à ton unité, à redevenir androgyne, par l'amour. Tu ne peux mériter l'éternel devenir que par la douleur : et l'amour est la forme attrayante (assimilable, pour les positivistes) de la douleur. »

Il faut souffrir ou mourir. Sainte Thérèse, en le disant, prononçait une formule rigoureuse, au lieu d'exhaler un paroxysme d'ardeur. Les sciences ne possèdent aucune vérité aussi démontrée que celle-là. Dès que l'homme veut vivre, il souffre et d'abord de son vide, qui n'est autre que l'absence de sa personnalité féminine. Nos sensations, nos sentiments, nos idées sont des moitiés de sensation, des moitiés de sentiment, des moitiés d'idées. Si l'image n'était pas disgracieuse, je dirais que moralement nous n'avons qu'un œil comme Wotan, que nous marchons sur un pied et que nous sommes manchots d'un côté. L'amour nous rend notre œil, notre pied et notre bras : il nous rend même la coloration de nos pensées.

Au théâtre, il n'y que l'amour d'intéressant, car il n'y a qu'une recherche vraiment passionnante, et pour tous, celle du second œil, du second pied, du second bras.

A qui donner la palme de l'incohérence : aux théologues qui enseignent le dédain de l'amour, aux législateurs qui apportent leur hypocrite rapport de commandant de recrutement ou aux Allemands qui ont inventé le génie de l'espèce.

Les premiers prétendent que Dieu veut tout notre cœur, comme si on ne priait pas mieux à deux cœurs ; les seconds demandent des citoyens pour la patrie, alors que les petits qu'on fait crèvent comme mouches ; quant à Schopenhauer, il plaisante.

La douleur est la loi de l'humanité ; et l'amour est le remède à cette douleur, le recours contre cette loi. Lorsque Musset écrit :

> *Un jour, je fus aimé, j'aimais. Elle était belle !*
> *J'enfouis ce trésor dans mon âme immortelle*
> *Et je l'emporte à Dieu !*

il semble, à plusieurs, qu'il blasphème ! Un rendez-vous qui est un trésor et qu'on emporte à Dieu ! De quels troubles ce rendez-vous fut précédé, de quels regrets il fut suivi ; et ce sont ces troubles, ces regrets, cette souffrance *consentie* qui est, en effet, offrable au Créateur.

La lumière contient les sept couleurs du prisme et nous n'en voyons aucune, dans ce qu'on appelle la lumière blanche : la femme joue le rôle de l'arc en ciel ; en elle, la pensée latente de l'homme se colore.

Si on pardonne de préférer les devins aux raisonneurs et les chefs-d'œuvre aux traités, je citerai le cas de la Walkyrie. En prenant partie pour Siegmund et Sieglinde, elle obéit au désir de Wotan, qui voudrait sauver ses enfants. En écoutant Nahash, en mangeant le fruit du bien et du mal, Aïscha réalise le désir dormant encore au cœur d'Aisch. Celui-ci reconnaît sa pensée informulée dans l'audace de sa compagne.

La femme se modèle et se colore d'après le désir masculin : et si ce désir est bas, elle s'abaisse.

Kundry subit tour à tour l'influence du Graal et la pression de Klingsor : elle se dresse vivante, embûche sur les pas des chevaliers, ou va jusqu'en Arabie chercher un baume guérisseur : elle mange indistinctement les fruits du bien et du mal, jusqu'au jour où fécondée moralement par l'idéalité de Parsifal, elle reflète sa pensée et se purifie par réflexion d'un pur. C'est bien la même femme que Klingsor excite en lui disant que Parsifal est puceau et que Parsifal à son tour excitera à la pénitence, en lui opposant sa vertu.

Comment Platon a-t-il pu se tromper au point d'écrire que la Vénus Uranie n'inspire que des amours unisexuels, alors qu'il possédait la théorie de l'androgyne, alors que Socrate avoue « tout ce que je sais de l'amour, je l'ai appris d'une femme, Diotima ». Cette Diotima qui donne une si transcendentale leçon au philosophe, est une Aïscha, évoluée au plus haut point, qui cueille le fruit désiré par le philosophe et le lui offre ; fruit défendu puisqu'il fallut expier par la ciguë, non d'y avoir touché, mais de l'avoir distribué aux autres.

La femme est le miroir enchanté où l'homme contemple sa pensée, c'est-à-dire prend conscience de lui-même. Par elle, on comprend que l'antinomie, seule forme de son raisonnement, ait pu devenir un système.

Seulement, ce miroir n'a pas la docilité du verre, les images ne s'y reflètent ni exactement, ni constamment ; plus semblable à une onde qu'un souffle ride et même agite, et qui se teinte de la couleur du nuage, la femme androgyne seule est susceptible de fécondation spirituelle. Faut-il répéter que la femme qui écrit, serait-ce Sapho, qui peint, serait-ce Vigée Lebrun, appartiennent à la Gynandrie ?

La femme androgyne, heureuse ou malheureuse, obscure ou célèbre, ne pratique qu'un art, celui de l'amour : cela ne veut pas dire qu'elle ait forcément beaucoup d'amants, ni même qu'elle en ait un, mais celle qui conçoit le grand œuvre sexuel, dédaigne profondément de se manifester autrement qu'à l'élu.

Elle mérite l'épithète que Machiavel donne au Borgia, *secretissima*.

L'androgynisme, étant plutôt un miracle qu'un phénomène naturel, par sa rareté, il serait puéril de regarder autour de soi, pour y découvrir un être dont le signalétisme reste informulable, avec la manifestation seulement intime.

L'androgynisme est le plus haut point de l'individualisme : on ne le trouve jamais deux fois semblable, si ce n'est par une disposition singulière à l'idéal. Il n'y a pas d'homme-espèce pour l'androgyne, dont l'orgueil reste invincible. Elle éprouve une repulsion nerveuse du sexe masculin qui lui paraît une animalité, et particulièrement pour le jeune homme, à moins que ce ne soit un héros. Elle devine ce qui lui manque, et ce n'est pas elle qui se troublera pour Chérubin. Elle cherche un reflet, comme on poursuivrait le Graal ; et l'être, intellectuellement mûr ou héroïque, seul, lui fournira une carrière sentimentale. Elle se propose, moins de jouissance que d'élévation ; elle quête plutôt son frère que l'amant ou l'époux. Elle veut cueillir le fruit défendu de l'arbre du bien et du mal ; mais elle ne le reconnaîtra pas parmi les autres, si elle n'incarne un désir qui la rende subtile. Réduite à elle-même, elle ne désire que désirer.

Considérer l'amour comme un moyen et non comme un but : tel le premier point de l'androgynisme et qui répond au morceau de Massillon sur ces deux faiblesses qui se réunissent dans l'illusion de trouver une force nouvelle. Notre but c'est nous-même ; et l'être aimé ne sera que notre complément, non pas notre objectif.

La passion, qui, ce semble, désigne le sentiment intérieur, n'entraîne tant de drames et de complications que par l'erreur qui veut tirer de l'amour ce qu'il ne contient pas : le bonheur. L'art ne rac nte que les passions tragiques, parce que dès qu'elles cessent leur exaltation, elles perdent le caractère esthétique. Enfantillage dangereux que de vouloir vivre des sentiments dont on meurt, même dans la fiction. Si la volupté reste, malgré tout ce qu'on a dit, un élément de communion incomparable, elle ne reçoit sa modération, dirai-je son inocuité, que de la pensée qui l'a précédée et qui la suit. « Si tu avais le corps selon la vertu, tu n'aurais aucun désir », dit Léonard. L'androgyne, ni ange, ni bête, voit dans la caresse l'apaisement qu'elle contient et qu'il est dangereux de refuser. Enviable état que d'être sáns désir, et misérable que de désirer en vain ! car la chair prend une importance exagérée, dès qu'elle pâtit.

Diotima, plus explicite que Moïse, déclare que l'objet de l'amour c'est l'enfantement spirituel d'un idéal vivant et actif.

Qu'on se figure deux êtres, pleins de bonne volonté et de douceur, qui se dédient non pas leurs humeurs, mais leur zèle, qui s'entr'aident pour une mutuelle perfection, qui apportent dans l'amour un véritable ascétisme, et seraient désespérés, s'ils n'étaient pas l'un pour l'autre un point d'appui et d'élévation : tel est l'amour entre androgynes, une entreprise de paix et de sublimité.

Certes, le chemin de la perfection, que ce soit celui qui nous mène à Dieu, ou l'autre qui mène l'homme à son devenir, présente des aspérités, des ravins où l'on tombe, des montées où l'on peine : le chef-d'œuvre ne se fait pas plus aisément en amour qu'en art.

Cet enfantement peut-il se formuler ? Non, puisque ce sera la fleur et le fruit de deux individualités unies pour les former, et qui ne prendront conscience d'eux-mêmes que par cette formation.

Dieu s'affirme par la création, il est le maître de la vie. Que peut l'homme, à l'imitation de Dieu ? Il est maître de ses pensées, et il peut les diriger, au lieu de les recevoir de la sensation.

Lorsqu'on chante dans la *Flûte enchantée* :

> La vie est un voyage
> Qu'on ne fait bien qu'à deux !

On entend l'énonciation plate et presque drôla-
tique d'un arcane que connaissaient ceux qui com-
mandèrent à Mozart ce mystérieux opéra.

Sans doute, si deux androgynes se rencontrent,
ils s'uniront même socialement : ils bâtiront un
foyer, ils auront peut-être même des enfants, mais
leur trait distinctif sera un auto mysticisme, le
culte de leur personnalité, le soin de leur âme ;
jamais ils ne s'humilieront l'un l'autre, jamais ils
ne manqueront d'indulgence, ils seront des complices, enfin, dans la grande aventure du devenir.

Ce tableau de deux égoïsmes étroitement solidaires n'a pas de beauté propre ; cependant une
telle entente aboutit fatalement à un embellisse-
ment illimité de l'âme, qui, gardée des promis-
cuités et des compromissions, se condense et
s'apaise : l'expression de Dante se réalise, le vers
humain commence sa métamorphose en papillon
d'éternité.

Souvenez-vous de la marmite des sorcières, dans
Macbeth. Les ingrédients, que les trois vieilles y
jettent, en feront le pire toxique. Les androgynes
forment leur amour du meilleur d'eux-mêmes. Au
lieu de s'abandonner à leurs mouvements, ils se
créent une discipline, ils s'efforcent d'associer les
vertus à leurs sentiments ; et dès lors, les vieilles
exécrations ne les atteignent plus.

Les êtres ordinaires s'unissent, parce qu'ils se

désirent, et une fois satisfaits, ils se quittent jusqu'à un nouveau désir. Les privilégiés se désirent parce qu'ils espèrent, en se satisfaisant, saisir un fruit du bien et du mal, et s'en nourrir, et en recevoir un supplément de force. Ils se donnent pleinement l'un à l'autre, afin que la sexualité perdant son impériorité par la satiété même, ils puisent, par leur double désir, dépasser le plan où ils étaient séparément, avant leur rencontre.

Notre personnalité, incapable d'immobilité, évolue sans cesse ou s'involue, et surtout dans la passion où les mouvements sont si vifs. Aussi, quoi de plus vil que l'idée masculine de conquête qui suscite, chez la femme, celle de résistance? Comment sortirait-il de la lumière d'une sorte de combat si absurde? Le thème de la séduction doit disparaître d'un esprit, qui conçoit le noble amour, pour céder la place à un principe de communion. C'est alors une œuvre de bonne volonté, où chacun ne se propose que le bien commun, où les intérêts sont si étroitement solidaires, que l'un ne profite jamais du dam de l'autre : tous deux tendent à détruire leur dualité.

L'erreur Socratique provient d'une recherche admirable : réunir l'amante et l'ami en un seul être. Les Grecs crurent plus simple de charneliser l'amitié, que d'amicitier la chair.

Cette erreur dépasse de beaucoup la morale, elle a des conséquences spirituelles.

La femme féconde le cerveau de l'homme, en lui présentant ses pensées, sous des couleurs vives et imprévues. Comment remplacer cette action reflexe ?

Chez les Androgynes, du désir sexuel satisfait, d'autres désirs naissent qui sont leurs fils et filles. Chacun réduit à lui-même, serait stérile. De l'union naît un nouveau sentiment une idée nouvelle, véritable au-delà de l'amour.

Dans cet ordre admirable, la femme apprend à penser et l'homme à sentir ; ils collaborent ainsi. On ne trouve pas, à son gré, l'image désirée, et je demande pardon d'emprunter une comparaison à la fable de l'aveugle et du paralytique, si chère aux sculpteurs du laid : l'apologue s'applique à la grande misère humaine. L'homme ne voit rien, au sens de la voyance et de l'intuition ; il n'avait pas vu primitivement Nahash : la femme isolément ne se réalise pas, incapable de méthode et de logique. Superposez la lucidité de la première, à la force active de l'autre : le couple se met en marche et parviendra au but : la femme qui aime s'illumine, et l'homme illuminé veut tout entreprendre. Aïscha est l'œil qui perçoit les lueurs d'infini, Aisch est le pied qui escaladera le dur sommet.

Marthe et Marie en une seule personne, telle la femme androgyne, elle réunit les facultés actives aux contemplatives ; mais le trait commun aux deux êtres, c'est de marier l'intelligence et la volupté.

Les Grecs avaient été frappés de la distance entre l'amitié et l'amour. Au point de vue plastique, l'adolescent manque de grâce et la vierge de force. Sentimentalement, il faut demander l'amitié à un homme, la volupté à une femme. Les Grecs crurent expédient de chercher le plaisir là où se trouve l'intelligence, et violèrent la Norme physique. Ce qui était excusable chez des guerriers, entre Achille et Patrocle, devient ridicule pour un philosophe, qui ne peut se méprendre sur l'harmonie des sexes. Hors du désir, aucune femme ne pense : mais le désir suffit à la cérébraliser, dans la mesure où l'homme lui-même est spirituellement mâle. Aristophane ne plaisante pas quand il dit que l'androgyne est fils du soleil, de la terre et de la lune, il indique le jeu transcendental des réflexes. Eve reçoit la clarté virile, et à son tour, elle éclaire des parties obscures, des heures sombres, comme fait l'astre : ce qui n'arriverait point dans l'homosexualité.

Coucher avec une femme ne suffit pas, pour l'inonder de clarté et la doter d'un cerveau : il faut l'aimer, avec son esprit ; la cultiver comme une plante, et surtout lui présenter d'autres thèmes que l'égoïsme de la sensation. Cela exige des soins multiples, chaleureux, constants et un effort bien plus considérable, que celui de parfaire une œuvre d'art, qui peut être perverse, tandis que hors de sa luxure, l'androgynisme impose la pureté d'intention.

Qui est androgyne et qui peut prétendre à réaliser le grand œuvre d'amour ? « Celui qui naît l'esprit engrossé de quelque chose et dont la nature demande à enfanter ».

Platon répond ainsi. Il ne faudrait pas qu'on pensât à quelque écriture : la démangeaison littéraire, même la faculté, même le talent, n'ont rien à voir avec un phénomène de secret et de silence, avec un vœu semblable à celui du mystique qui n'a pour témoin qu'un autre être, un seul, et Dieu.

Quant à la réalisation ? La caverne d'Harma était jonchée d'ossements ; pour un Jason qui aborde heureusement en Cochilde, que d'aventureux servirent de nourriture aux affreux poissons ?

Il n'y a qu'une erreur irréparable, celle qui porte sur nous-mêmes : l'inconscience. Si nous ne savons pas nous mesurer, nos desseins mal conçus avorteront. Ici, en vain, accuserait-on la vie, ou la méchanceté des hommes. Qui ne se connait pas, ne connaîtra rien en ce monde. Voici pourquoi l'inscription du temple antique signifiait : *inégalité.* On affiche, aujourd'hui, le mot contradictoire, parce qu'en 1789, Mirabeau, politicien, lut aux honorables d'alors un factum qui commence par cette idiotie : « Les hommes naissent et demeurent libres et égaux en droits. »

Les hommes naissent inégaux en facultés et cette inégalité augmente, selon le développement ou l'atrophie de ces facultés. Evidemment, la distinction sociale dépend de l'utilité de la personne; mais, quand on possède la guillotine « on n'a pas besoin de chimiste ». Le marchand de vin remplacera demain le prêtre et un peuple d'ivrognes verra les étoiles éteintes ; il aura le front dans le ruisseau. Rien au monde n'est aussi inutile que l'androgyne ; il ne représente que le bonheur, précurseur de l'immortalité ; et pour une élite tellement restreinte, que le lecteur sera sage de ne pas y prétendre, sans de fortes raisons.

Cette égalité, blague inventée par Cagliostro (qui a fabriqué les étiquettes, entêtes, devises et formules de l'immonde révolution), cette égalité, radotage inconnu des sauvages dans l'ordre extérieur et collectif, se trouve réalisée par l'amour androgyne. Elle s'opère par la simultanéité des vouloirs. Chacun tend à la perfection de l'autre : chair, sentiment, subtilité, tout se met en commun, et aucun ne tient compte de ce qu'il prend ou de ce qu'il donne. L'égalité résulte de l'identité des vœux.

De l'un en l'autre, dit l'héraldique, du non être à l'être, dit la philosophie ; du binaire à l'unité, dit l'amour.

Le problème androgyne ne dépend pas de deux quantités, mais de leur unification.

Comment deux êtres distincts arriveront-ils à se

confondre ? Par la possession qui mêlera leurs esprits animaux : par l'émotion qui associera leurs esprits animiques : par la contemplation simultanée qui uniera leurs entendements. L'un emprunte à l'autre tout ce qui lui manque : et l'autre se complète sans rien prendre, puisque l'androgynisme reconstitue l'unité primitive.

Le lecteur, involontairement, cherchera autour de lui un couple androgyne et il n'en verra pas : il se demandera ensuite quelle moitié assimilable se rencontrerait dans le rayon de son activité ; et il n'en trouvera point.

De là, à conclure que cette théorie rentre dans les coqcigrues de l'idéologie, il y a moins d'un pas.

L'androgynisme n'est pas un mode de musique sentimental, qu'on emploie à son gré, lydien, dorien ou ionien ? C'est un idéal applicable à l'amour, et l'idéalité étant toujours le reflet d'une vérité, on profite même sans l'atteindre, dès l'instant où on la perçoit.

Notre désir donne notre mesure : rien ne le limite, ni ne le déforme, tant que nous ne cherchons pas à le réaliser. Il convient de ne pas confondre l'essor de notre rêve avec les besoins. Franck désirait sans doute qu'une circonstance lui permît de ne plus courir le cachet, Balzac désirait liquider ses dettes : ces vœux que la Nécessité engendre n'appartiennent point à l'ordre érotique, de quelque poids, souvent écrasant, qu'ils accablent une individualité.

L'Eros ne s'entend que de l'aspiration d'une conscience vers sa confirmation. Celui qui ne sent pas l'immortalité de son âme aurait tort de s'intéresser à une ascèse qui n'a son épanouissement, qu'au-delà de cette vie.

Pour Aristophane, l'Amour est la forme basse, instinctive de l'appétence céleste : décisif sur ce point, il écrit, ou plutôt Platon lui fait dire « après cette vie, Eros nous rétablira dans notre état et guérira nos infirmités ».

Eros, dès ce monde, nous achemine vers notre état de grâce et soulage nos infirmités.

Nous sommes incomplets, parce que nous avons un sexe : il nous faut l'autre, et l'amour nous le donne. Qu'on n'oublie pas que le sexe est triple, et qu'il nous manque autant au cerveau et au cœur qu'au corps.

Eros n'est pas un dieu, il vit en perpétuel devenir : c'est un démon, un être intermédiaire entre l'homme et la femme, comme constitution, puisqu'il naît de leur union.

Ici, on touche à de nouvelles obscurités : si l'androgyne véritable résulte de la rencontre de deux êtres potentiellement bisexués, leur unification aboutira à un troisième sexe, le daïmonique.

Et la doctrine aryaque, comme la sémitique,

voient dans l'Eros, le retour conscient à la stase primitive. L'amour aurait donc pour unique fin de faire d'un homme et d'une femme, un démon, un être intermédiaire entre le mortel et l'immortel ?

VI

L'AMOUR COMME ART

L'amour n'est que la forme attrayante de la douleur.
La femme est la synthèse naturelle par le nombre même des rapports qu'elle renferme.
La poésie et les arts sont les immortels intérimaires de l'amour, art suprême.

Celui qui ne connaîtrait les fleurs que par l'herbier ; les rochers que d'après les fragments du minéralogiste ; les étoiles que sur une sphère céleste ; les animaux que selon les vignettes de zoologie : aurait-il une vraie notion du végétal si diversement coloré et si odorant ; des cîmes habitées par les aigles et visitées par la foudre, des scintillantes étoiles si vivantes dans la nuit ; de la terrible beauté des félins ? La fleur se révèle sur sa tige caressée par les brises ; le roc se manifeste par sa masse, l'étoile est un regard qui cherche nos yeux et le félin nous éblouit et nous menace, parce que son instinct certes est plus pur que notre perversité. Rien n'égale en dignité, en douceur, en mystère, la Vie.

L'homme a presque rejoint son Créateur, par l'invention des formes et des couleurs : il a créé de la beauté et de la force, il a brodé des fleurs aussi splendides que celles de la nature ; il a élevé des tours et des temples qui sont des cîmes ; il fait briller les pierres comme des étoiles et invente des bêtes plus étonnantes que celles des airs et des champs : il a même créé, en son cœur, une image de la Divinité tellement belle, que les lois du monde ne suffisent pas à la justifier : la créature a vraiment monté tous les degrés qui s'offraient à son audace : mais la vie est restée le secret divin, à jamais impénétrable.

Naître et mourir, voilà les deux verbes qui forment le Verbe. Placés aux deux bouts de notre activité, ils nous parquent étroitement dans notre sphère, comme ce Kérub à l'épée de flamme que l'Eternel mit à la garde du paradis perdu.

Dieu s'appelle l'Être ; il est celui qui est.

Il a montré à sa créature les portes qui ouvrent sur l'éternité : il n'a gardé pour lui que le secret de la vie. Un esprit, vraiment philosophique et libéré des rengaines scolaires, surmontant le poids du livre qui gêne sa pensée, l'envoûtement du corps social qui lui persuade que ce n'est point vivre que de n'avoir pas tel accessoire sans valeur réelle — un esprit lucide — s'émerveillerait... de vivre.

Hélas ! la toute puissante habitude nous blase-
rait sur la divinité même. Cela résulte de nos im-
parfaites facultés : notre corps, chaque jour, tombe
dans cette espèce de mort, le sommeil, et notre
âme, incapable de constance, se déprend du bien
comme du mal.

Le génie, conscience suréminente de l'espèce, a
créé les arts pour diversifier, intensifier, et renou-
veler sans cesse les thèmes de la vie.

Quelle idée aurions-nous de la perfection sans
le chef-d'œuvre ? miroir magique où notre désir se
satisfait, et phénix myrionime, mirage qui seul
montre encore quelque chose à notre lassitude du
réel.

L'homme, et c'est là sa gloire, a fait un poème
de ses besoins ; les arts ne sont-ils pas le fruit
prodigieux de la Nécessité ?

Il faut que l'homme s'abrite, et l'ancien troglo-
dyte, le descendant des lacustres a construit les
temples du Nil, les Parthénons et les cathédrales, à
la mesure de ses dieux.

Il faut que l'homme se vête, et l'ancien animal
sans poil a tiré de tous les règnes, le drap, les
soies, les velours, les fourrures : il a appris de
l'insecte l'art féerique de la dentelle, et le ver répugnant lui a donné le tissu le plus suave.

Enfin, l'homme a voulu se voir littéralement tel
qu'il se rêvait et il s'est représenté en Dieu, en héros : lui aussi, comme les Œlohim, a pétri de la

terre et il a réalisé un simulacre, selon la perfection qu'il avait dans l'esprit.

Il a encore voulu se voir dans les actions nobles, dans les scènes sacrées, et il a donné ses traits au monde spirituel. Il a fait le Père éternel d'après le vieillard, et l'ange d'après l'adolescent, et l'homme-Dieu d'après son cœur. L'art a déchiré les voiles de l'invisible : nous sommes plus familiers avec les choses du ciel qu'avec celles de la terre, et l'œuvre qui représente des esprits est la seule qui n'exige aucun commentaire : admirable effet du génie religieux et du génie esthétique unis en un même effort ! Mais le génie religieux a cessé ses oracles, et aujourd'hui, ce monde idéal ne sert plus qu'à la stupeur de tous et à l'exaltation de quelques-uns, à jamais fermé pour quiconque n'a pas reçu ce que Boileau appelle une influence secrète. Qui a vu le flot des voyageurs remplir le Pie Clémentin et l'ancienne Pinacothèque du Vatican aussi grouillante qu'un vernissage, n'hésite pas sur le caractère ésotérique de l'art, et tient les visiteurs de muses pour l'équivalent des paroissiens. Un marbre grec, un tableau de la Renaissance, défient le commun, autant que le latin de la messe : quoique le mystère divin ou humain agisse toujours bénéfique et purificateur pour l'âme : les simples reçoivent, selon leur désir, à l'église et au musée. Qu'ils y aillent : il n'est pas besoin de savoir l'astronomie pour jouir de l'éclat des jours et de la paix des nuits ; non plus de comprendre le *Credo* pour communier avec les saints et les anges. Comprendre est une fonction suréminente qui nuit à la plupart et qu'on ne doit pas souhaiter.

La vraie piété et sa puissante prière prennent leur force de notre désir du Divin : et la foi de l'ingénu ouvre des ailes plus grandes peut-être que celle du théologien. Il faut être ignare, pervers, ennemi du genre humain pour fermer une chapelle, gêner la prière, persécuter les êtres d'oraison. De tout temps, le clergé a projeté de l'ombre sur la foi, comme tout gouvernement sur la justice, comme toute académie sur l'art, comme toute entreprise humaine sur son objet idéal.

La prière qu'on définit une élévation de l'âme, est un mouvement d'essence esthétique ; quoiqu'elle emprunte sa ferveur à la passionnalité, c'est l'hymne du désir qui monte vers la Cause, au lieu de s'épandre sur la Créature.

Selon l'analogie, l'esprit se figure l'invisible, et non seulement dans ses formes, mais avec les sons, les odeurs et les saveurs. En pensant à l'ange, nous voyons ses actes, nous entendons sa lyre, nous sentons une espèce d'encens ; et l'évocation d'une belle femme nous suggère la saveur de son baiser.

La nature s'offre à notre vue et la vision à notre âme ; or, la vision naît du désir : et l'art, loin d'augmenter en nous la concupiscence, la satisfait immatériellement.

Pour nous donner une telle volupté, l'œuvre devrait avoir pour objet, nous-même, afin d'être confirmative. Comment se persuader que si la Joconde vivait, elle nous aimerait ? Elle nous projette du doute, de l'inquiétude au lieu de paix.

Le chef-d'œuvre se laisse aimer, il n'aime pas, miroir où on se cherche et qui subit notre reflet, comme il subirait tout autre.

La contemplation n'aboutit pas forcément à notre confirmation ; l'art ne remplacera donc jamais l'amour. Immortel sans doute, véritable radium, il dégage de la lumière, de la chaleur, sans s'appauvrir, mais son rayonnement ne choisit pas plus que celui du soleil : *lucet omnibus.* Or, nos joies n'étant que des spasmes de personnalité, l'art fait l'éducation de notre sensibilité, sans la satisfaire.

Léonard raconte, comme preuve de la puissance du pinceau qu'une Madone de sa main fut aimée par l'acheteur. Celui-ci voulut effacer les attributs de la divinité pour pouvoir la baiser sans équivoque : mais la conscience l'emporta sur les soupirs et il fut forcé d'ôter le tableau de sa maison.

Aberration que de vouloir insérer le contact dans la contemplation et de poser ses lèvres sur un simulacre ! Abuser du normal vaut mieux que la plus petite anormalité : un être conscient ne se met pas en contradiction avec la Norme cosmique, acte abominable et stupide, qui enfreint non la morale humaine, mais le mystère céleste.

L'art réalise l'Eros de l'imagination, il matérialise les visions, il ouvre l'au-delà et rend visible l'empyrée. Le personnage par excellence de l'art chrétien c'est l'ange, c'est-à-dire l'androgyne, l'être complet. et dont le sexe disparaît dans l'unité admirable des deux principes : création plastique sans égale qui commence avec le sphinx de Gizeh, et va jusqu'au « jardin des Oliviers » de Delacroix.

Comment l'artiste, par divination, a-t-il constamment illustré le mythe de l'androgyne ? Comment le chef-d'œuvre est-il, sans exception, en conformité avec la notion la plus secrète du devenir ?

Le génie consiste, on le sait, en une divination du mystère ; la création des plus belles formes implique leur relation avec les vérités transcendentales. Platon a pu réduire toute la philosophie à une esthétique ; on pourrait la réduire à une éthique, et cette éthique à une érotique, synthèse plus vaste encore.

Si l'art redit à travers les âges le secret de l'androgyne, l'ésotérisme de l'amour, s'il le redit fatalement ou providentiellement, comme l'oiseau chante le rythme de son espèce, c'est bien la marque que l'amour et l'art sont identiques en leur essence. Ils aboutissent à l'enfantement spirituel. L'art crée visiblement, durablement et chez tous ; l'amour crée invisiblement, potentiellement et pour deux êtres.

Dans le couple idéal, chacun est l'œuvre de l'autre, quoique chacun ne cherche initialement que sa perfection. Elle ne peut être atteinte que solidairement, c'est-à-dire qu'elle résulte de la parfaite union.

Pourquoi cette doctrine n'a-t-elle pas été divulguée ? L'Eglise l'ignore-t-elle ? Socrate a bu la ciguë pour l'avoir proférée et l'Eglise, devenue exclusivement sacerdotale et brahmanique, a volontairement oublié la formule secrète pour assurer son hégémonie. Les augures des sciences morales et politiques, s'ils entrevoyaient ces clartés qui éclairent et dispersent leurs mensonges luthériens, et leur morale de Genéve, crieraient follement contre une telle charte d'émancipation.

« Une nuit de Paris réparera cela », disait le grand condottière, après une bataille meurtrière. Or, la théorie platonicienne, essentiellement aristocratique et surtout individualiste, enseigne que l'amour n'a d'autre but que lui-même.

Est-ce à dire que ceux qui professèrent cette doctrine furent de mauvais citoyens ? Le patriotisme athénien et celui de Socrate servirait de modèle aux plus ardents : mais il est volontaire, il sort de la conscience et non de la contrainte.

Les chefs spirituels luttèrent contre la doctrine

androgyne parce qu'elle change les rapports sociaux ; elle se moque également de la noblesse héréditaire et de l'égalité, et surtout elle enseigne à mettre son activité dans la vie privée, intime, que dis-je, dans une vie secrète !

Les ambitieux ont besoin de badauds ; il faut qu'un peuple lise le journal, chaque matin, pour qu'une Chambre des députés soit possible. Que penser d'une époque où, journellement, tout individu se nourrit de fausses nouvelles et parcourt la matière d'un volume, dont chaque ligne est payée pour son mensonge : et comment serait-on heureux, en acceptant cette déformation de la morale chrétienne qui dit aux époux : « surtout n'ayez pas de plaisir entre vous ! »

Ce qui vaut la peine d'être vécu est défendu, et on prêche la pénitence plus encore que la charité.

Le for intérieur se trouve réglé par un systématisme aussi policier, chez les sans-culottes que chez les scolastiques. Cependant la pensée ne se meut pas sans friser l'hérésie, et le sentiment ne se satisfait que dans le voisinage du péché : la mentalité protestante pèse jusqu'à l'écraser sur l'âme occidentale, en un temps où le général des jésuites est un Allemand et le secrétaire du Pape un Espagnol. Ces deux races doivent être écartées des magistratures spirituelles.

Ce qu'on appelle la lutte pour la vie, s'entend des

compétitions d'homme à homme ; la lutte pour l'amour, forme supérieure et quasi éternelle de la vie, implique une lutte spirituelle contre les égoïsmes collectifs, religieux et politiques.

Qu'il ait un devoir sacré et un devoir civique, cela ne fait point de doute. L'individualiste doit encore correspondre à la double idée de fidèle et de citoyen : cette double adhésion nécessaire à l'ordre s'impose. Mais ni les Chambres, ni les Congrégations ne peuvent nous dicter de bonnes règles : les unes se traînent au-dessous du mépris, dans les boues de l'ignorance et de l'avidité, les autres rêvent d'un passé mal connu et attendent tout du temps, infatuées de leur durée et prenant la routine pour la tradition.

Si ces pages évoquent souvent l'Eglise et l'Etat, c'est qu'on les rencontre à chaque pas dans le domaine érotique. L'Eglise a quelque droit d'y paraître, l'Etat aucun. Sous la forme du sacrement, l'Eglise sanctifie et tyrannise l'amour ; sous la forme du mariage, l'Etat envisage des contribuables et des soldats. Or, suivant une parole divine, les lois sont faites pour le bien de l'homme, et non l'homme pour l'élaboration des lois. L'amour a des droits que le pouvoir spirituel et le pouvoir civil méconnaissent : ces droits ne sont pas ceux qu'on nomme les droits de la passion, les droits au bonheur ; ce sont des droits à l'immortalité ; et il n'est permis à personne d'y renoncer.

Au reste, les pouvoirs se trompent en préférant toutes les passions à la passion : l'amour étant le seul mobile qui inspire de l'indifférence pour les biens et les honneurs, et cette indifférence étant le seul gage de la paix sociale.

Lorsque Çakya Mouni révélait à nos frères Aryas de l'Asie, qu'il est plus simple d'abolir le désir que de le satisfaire, il ne mentait pas et proposait une solution radicale aux maux intérieurs. Il a tari l'activité pour éteindre la souffrance ; il a instauré une doctrine passive, qui abolit le mouvement puéril d'éphémères propre à notre espèce, mais aussi, du même coup, le mouvement sublime qui dressa les colonnes du Parthénon et les nefs du Moyen Age, Il saigna le cœur de ses disciples, et l'ayant appauvri, il en ralentit en effet le battement, il les dissuada de porter la colonnade et la Véda aux extrémités de la terre, mais il les déprit du privilège divin de créer de la beauté expansive et visible. Il règne enfin sur deux cents millions de fantômes, qui n'occupent durant leur vie, que les trois dimensions géométriques, somnambules encadrés par l'utilitarisme anglais.

L'amour. avec ses déceptions et ses fureurs, est encore le seul mouvement de l'âme qui comporte quelque joie. Puisqu'il faut souffrir, c'est la moins laide, la moins lourde des douleurs ; et la Poésie, cette révélation nous montre que renoncer à l'amour, c'est se livrer à de pires passions, et cela, les clercs ont refusé de le voir. L'amour ne serait-il pas la forme effrayante de la douleur, qu'il serait encore la forme la plus abordable de l'Art, j'entends de l'art réalisateur et qui crée, de l'art où il y a talent et génie, qui aboutit à l'œuvre et au chef-d'œuvre.

Oui, l'amour est l'art même, réduit au couple humain. Il n'a jamais été dans les desseins divins ni dans l'esprit de la civilisation qu'une humanité de Touche-à-tout mette son honneur à profaner les lettres et les arts et à écrire, peindre et musiquer, comme on fait aujourd'hui. Le nombre des livres et des tableaux accuse une barbarie nouvelle, celle qui, en mettant l'idéal à la portée de tout le monde, en fait quelque chose d'aussi bas que l'abécédaire et le calcul.

Quiconque a des loisirs salit du papier ou de la toile : c'est cela qu'on appelle l'amour de l'art ! Demain le cantonnier dira la messe et ce sera l'apogée de la religion. Le protestantisme avait trouvé « le tout le monde est prêtre », le sans-culottisme a été plus loin avec « le tout le monde artiste » et quelqu'un a osé écrire « l'art par le peuple ». Pourquoi pas la théologie par l'agent-voyer ?

L'amour est la seule forme de l'art, permise à tous, profitable à tous.

Je ne dirai point que l'amour a la Beauté pour objet, parce que le désir ne s'éveille pas dans la proportion de la splendeur des rencontres.

La Beauté contemplative est d'une essence impassible et correspond à la logique par les proportions, à la morale par l'immatérialité, à la psychologie par son essence, à la théodicée par son symbolisme.

La Beauté constitue une philosophie, et nous sommes convenus que l'Amour cherche le bonheur et non la sagesse; et que c'est par une suite rare et difficile qu'il la rencontre ou la produit.

Une autre beauté, sensible celle-là, se compose de trois éléments : des lignes courbes, de mouvements également curvilignes et d'une certaine délicatesse dans la carnation. Il faut qu'une femme soit bien disgraciée pour ne pas offrir ces qualités d'espèce; comme il est rare qu'un chat n'ait pas une démarche noble et souple.

Les grands artistes n'ont pas fait autre chose que d'exalter les courbes, l'ondulation et la carnation d'un corps de femme.

Stendhal se trompe, en indiquant l'admiration, comme premier symptôme de l'amour; pour certains hommes habitués aux spéculations esthétiques, l'admiration de l'individu est littéralement impossible. Celui qui voudrait mettre à son mur la photographie de vingt belles femmes, ne les trouverait pas, en étudiant tous les musées du monde, j'entends de femmes idéales et un peu diverses.

Le désir sexuel ne songe guère aux proportions.

« Une fille ! une femme ! » s'écrie Chérubin, englobant dans l'alleluia de sa puberté, la Comtesse, Suzanne, Fanchette et même Marcelline.

Le brin d'herbe, regardé longuement, témoigne du même artiste que le lys ou la rose. En conseillant la recherche des beaux corps, Platon oublie peut-être que cette première étape présente un danger presque insurmontable ; car elle pousse à ne regarder que la beauté d'aspect, de nulle valeur dans l'intimité : l'habitude qui profite tant à un visage médiocre ôte bientôt ses avantages à un bel être.

Une femme qui aime et se sent aimée trouvera toujours le moyen d'être belle pour lui ; s'il n'est pas vaniteux, s'il est assez développé pour ne pas embarrasser sa vie intime de l'opinion de la rue ou du salon, et vivre ses propres sensations ; il aura autant de joie qu'avec la plus belle madone ou le meilleur modèle d'atelier.

Grise et immatérielle chez les florentins, dorée et fruitée à Venise, viande de boucherie en Flandres et lymphe au bord du Rhin, la chair est le grand et incessant miracle de la couleur.

La très chère était nue et connaissant mon cœur... Baudelaire enseigne à tirer de l'amour des spectacles sans nombre. Toute femme nue qui connaît notre cœur nous fournira des contemplations où le rapport nerveux compensera l'imperfection naturelle.

L'amour dispose de tableaux et de statues innombrables et dont nous sommes l'unique amateur.

« Ta maîtresse a-t-elle de beaux yeux? — Je ne sais pas, mais son regard brille d'amour ! — A-t-elle des seins purs de forme? — Je ne sais pas : mais ils durcissent dès que je les regarde ».

La suprême qualité d'un être pour un esprit fier, c'est de lui appartenir, le reste est secondaire. « Elle est à moi ! » se dit-il. Après cela, il n'y a plus qu'un autre mot plus grave : « Elle est moi », le mot qui finit le grand duo de Tristan.

Nous avons vu que les arts correspondaient aux cinq plans de la sensibilité : l'amour résume ces plans ou plutôt les satisfait simultanément.

> Plus oblige et peut davantage
> Un cher visage qu'un homme armé
> Et rien n'est si doux que d'entendre
> Air doux et tendre...

Les arts du dessin, dans leur ensemble, ne valent pas, pour l'individu, l'être unique, pour qui il sera lui-même l'unique. Car en le voyant, il se contemple ; en l'écoutant, il s'entend ; en le caressant, il s'épanouit. Mais au delà de cette confirmation de la personnalité, il y a son exaltation ; et l'amour, après avoir tenu la place de tous les arts, devient un art lui-même — et à lui, rien, ni personne ne supplée.

Remedium concupiscentiæ, le remède de la concupiscence c'est une autre concupiscence, plus élevée, un autre Eros, que Cakya Mouni a voulu anesthésier, au lieu de lui donner l'essor d'Euphorion, le fils de Faust et d'Hélène. Sur l'échelle du désir, il faut s'élever graduellement : seulement cette échelle est invisible et les degrés en sont intérieurs.

Deux amants tirent, l'un de l'autre, tout ce qu'ils peuvent et quand ils ont ainsi épuisé leur fonds, ils se désaiment, incapables de passer à une concupiscence plus haute. Ici, l'initiation intervient et enseigne que le véritable amour à ce moment commence. Ils ont vendangé, fauché, et cueilli leurs vignes, leurs champs, leurs vergers : c'est l'automne dans leur cœur, demain ce sera l'hiver; il faut semer, préparer un renouveau.

Semer quoi? l'Idéal. Sans doute, ce mot abstrait ne désigne rien, à force de signification, mais comment préciser ce qui dépend de l'individu? L'idéal a une direction, il ne reste pas en arrière : on marche donc en avant; il n'est pas en bas, on doit donc s'élever. La façon reste l'invention, dirai-je, le génie de chaque couple, et mieux, de chaque androgyne : car l'œuvre d'amour, qui passe de la concupiscence au noble désir, mérite ce nom.

Qui n'a remarqué que la route faite avec un compagnon fatigue moins : le fait se produit pour l'effort spirituel. Dans les premiers plans de la vertu, une stérilité décourageante fait tort à son prestige. Les proverbes, les dictons, manifestent le sentiment général, qui associe l'ennui et le devoir, la sagesse et la peine. Cela n'est pas vrai des devoirs où nous sommes enclins, ni de l'espèce de sagesse pour laquelle nous sommes nés.

Les morales, œuvres dominatrices et policières, s'inspirent de la pire des niaiseries, de l'égalité; ce qui avantage singulièrement le cloporte et la limace et désoriente les types supérieurs. Quel est le devoir en amour? De mettre l'amitié dans ses actes et s'il se peut dans les humeurs, non pas cette amitié de réprimande et de conseils qu'on vante dans les écrits philosophiques, mais quelque chose de plus vif et de plus réfléchi. On ne dit pas « tu dois » mais « nous devons » : on n'objurgue pas « fais », mais « faisons » ; « va » mais « allons ». Au lieu de sermonner, on entraîne.

Pour cela, il faut aimer l'âme d'un être, comme la matière d'une œuvre et y appliquer son zèle.

L'entraînement physique suit des règles vérifiées par l'expérience et la religion possède une ascétique puissante. Il n'existe pas de méthode d'individualisme, à moins de la demander à la Magie : il resterait encore à l'adapter.

Ici se place la question la plus difficile : celle des aptitudes. En général, on veut être autre chose que ce qu'on est en réalité, comme tant s'efforcent de chanter dans un registre autre que celui de leur voix.

En occultisme, le moindre adepte s'estime hiérophante, et l'orgueil ne tient la tête des péchés que parce qu'il manque de lucidité. Un orgueilleux est vraiment celui qui se voit dans un verre grossissant et se trompe sur ses proportions intérieures. Il étend la main vers un objet hors d'atteinte, car il ne se figure plus la réelle longueur de son bras. L'humilité entraîne une autre conséquence ; on se voit à l'état réduit, on n'étend pas la main vers l'objet qui se trouve à portée ; l'humble croit ses bras plus courts qu'ils ne sont. La preuve de cette aberration se trouve dans l'expression « donner sa mesure » : on ne l'emploie pas pour désigner un fait moyen, significatif de la personnalité dans son fonds, mais pour marquer l'extrémité où on peut monter ou descendre.

L'être qui nous aime seul nous connaît et seul saura nous améliorer, en nous flattant.

Car la flatterie qui tient tant de place dans les condamnations des moralistes mérite autre chose que des lieux communs comminatoires. Elle forme la trame de la civilisation. Alceste se prouve insociable pour un refus de flatterie que quémande un rimeur. Nous disons : « cher Maître », à un homme de loi que nous n'estimons pas et « serviteur » à un fâcheux que nous ne recevrons plus.

La sociabilité réellement consiste en un mélange

de mépris et d'envie : la flatterie nécessairement vient masquer ce fonds odieux.

C'est un comique, celui qui a écrit :

Aimez qu'on vous conseille et non pas qu'on vous loue. Nous avons besoin de louange : car le pis qui nous arrive, c'est de douter de nous-même. Ce que l'homme aux rubans verts appelle imposture par un excès d'humeur, joue le rôle de la charité aux choses minimes et perpétuelles. Qui peut-on aborder, en lui laissant voir le jugement qu'on porte sur lui ?

Si l'amour semble le meilleur mode de progrès individuel, c'est qu'il constitue la flatterie la plus forte, la plus constante et qu'on y traite l'autrui comme soi-même.

La passion malheureuse atteint à d'insupportables souffrances ; parce que le refus d'amour jette celui qui le subit, dans le plus grand doute sur lui-même, qui se traduit souvent par un paroxysme, meurtre ou suicide.

Les amants se donnent tout ce qu'ils ont, c'est-à-dire leur chair et leur tendresse, et puis, ils estiment avoir touché le but et fourni toute la carrière passionnelle. Ils ont l'impression, et l'expérience la corrobore, que l'amour est une sorte de fortune qui se dépense généreusement : *dissipavit substantiam suam vivendo luxoriose,* dit-on de l'enfant prodigue.

Le texte de l'androgynisme serait : *acquisivit substantiam novam vivendo animose*.

Acceptons les analogies de la science : le radium est un foyer de force qui rayonne sans s'appauvrir, qui dégage de la chaleur sans se refroidir, et fabrique du fluide sans en prendre nulle part. Cette génération spontanée et perpétuelle de la force que Curie a constaté le premier, dans des conditions académiques, a été observée de tout temps dans l'ordre animique. Nous avons déjà l'aimant qui attire des poids de plus en plus lourds : ce qui implique que l'exercice d'une faculté la multiplie. Plus on aime, plus on peut aimer : mais le plus ici implique une pénétration et correspond à l'idée de profondeur.

Le désir a trois états ; superficiel, d'abord, car il naît de la réalité vivante ; animique lorsque le désir s'individualise : abstrait quand il touche à l'idéalité.

Qu'est-ce qu'un être idéal ? Quelqu'un qui le réalise ou seulement qui le conçoit et le cherche ? C'est un sentiment à l'état d'idée. Abusivement, on emploie l'expression pour caractériser des convenances personnelles : or, l'idéal forcément impersonnel ne qualifie aucun être, mais communique à tous une valeur inestimable.

Le beau moral, que peut-il être ? sinon comme dans l'ordre esthétique, quelque chose d'analogue au chef-d'œuvre et qui s'appelle vertu.

Vénus Uranie cesse-t-elle d'être Vénus parce qu'elle s'élève ? On l'enseigne du moins : et Rembrandt scandalisa le pasteur de son quartier et toute la bourgeoisie d'Amsterdam parce qu'il faisait la fête avec sa femme légitime. Il la parait comme une reine de Saba et chantait et buvait avec elle. Même pour mon curé, serait-ce là un ménage vertueux ?

Je n'approuve pas Van Ryn de nous avoir peint ses ébats : on doit garder un silence religieux sur sa vie passionnelle. La pudeur est la face qu'il convient de présenter à autrui : elle ne vaut que vis-à-vis des indifférents et des indignes

Si la vertu est la beauté de l'âme, ceux qui s'aimeront de l'âme, aimeront la vertu. Sur ce terrain socratique, on se heurte à des propositions qui font tristement sourire. Le fils de l'accoucheuse donne comme une étape de sentir la beauté des lois ; on peut la brûler, en notre millésime, cette étape ! Mais il faut encore prendre garde, qu'après la beauté des actes on nous convie à celles des sciences : et cela déborde le sujet, en évoquant la caricature du double pupitre dans le boudoir et de l'écrivaillerie émulative.

Nous supposons un couple qui ne pratique point d'autre art que l'amour, art vraiment secret et royal, sans lauriers, sans témoin, sans œuvre apparente et qui ne sera jugé que par les anges. Ce couple se nourrira de tous les fruits propres à

la sensibilité esthétique, comme son prototype
biblique ; mais, comme lui aussi, il s'efforcera de
discerner le bien du mal et de devenir ainsi semblable non pas aux dieux mais aux démons, c'est-
à-dire, à se hausser et à se maintenir sur un plan
intermédiaire entre le mortel et l'immortel, par la
progression ascendante du désir.

Le feu produit de la fumée et aussi de la cendre ;
l'amour ne saurait briller, flamme toute pure. Il
faut que la chair ait épuisé l'instinct, pour que la
spiritualité paraisse et demeure.

La vertu, motif transcendental, décide contre
nos penchants inférieurs ; le vice, motif médiocre,
décide contre notre destination. Car nous sommes
destinés à la perfection, à celle qui nous est propre
et non à l'autre des manuels.

Il y en a qui sont nés pour le salut de plusieurs,
d'autres ne correspondent qu'au salut d'un seul.

C'est peu, dira-t-on. On n'envisage pas que le
salut d'amour exige d'autres soins que celui de la
foi ; et qu'il est plus difficile de donner le bonheur
que de le promettre, d'emparadiser que de décrire
le paradis.

L'art d'aimer serait-il autre chose que de faire
jouir une chair, d'épanouir une âme et de servir
de tremplin à l'essor d'un esprit ? On se borne au
premier point, comme on ne lit de la Divine Comédie que l'Enfer, presque brutal, fait avec des
légendes et des imaginations de peintres, alors

que les deux autres poèmes resplendissent d'une illumination quasi divine.

Une science ne fournit que des principes, l'art en tire des œuvres ; et l'amour basé sur notre état futur reste encore un mystère que chacun doit deviner, car pour chacun cette universelle énigme a un mot différent. Sept notes constituent la *neuvième symphonie* et *Parsifal :* sept couleurs enferment toute la peinture et la forme humaine remplit à elle seule tout le domaine du dessin (1).

L'art d'amour a trois notes : la volupté, la tendresse et l'idéalité. De leurs combinaisons, de la proportion de leur mélange, naissent ces innombrables différences qui font que, depuis l'aube de notre espèce, un baiser n'a jamais eu le goût d'un autre baiser, et que nul n'a jamais vécu deux fois la même impression.

L'amour crée incessamment, en nous et en autrui, une poésie, une musique, une vibration triplement génératrice de sensations, de sentiments et d'idées. L'inclination nous apprend à préférer le lyrisme à la versification, l'inspiration à la fugue, l'ipséité à la routine et à sentimentaliser nos sens et à idéaliser notre sentiment. Et ce faisant, nous renouvelons nos joies ; elles prennent plus de profondeur et d'intensité : et enfin, point admirable,

---

(1) *Le secret des troubadours* (Sansot). *La Doctrine de Dante.*

Dieu et le Diable gagnent tous les deux ; pour parler simplement ; la plus résistante des antimonies se résout.

Jadis des hommes calomniés par les protestants après avoir été brûlés, hélas, par l'Eglise, appelaient leur science le Gay savoir : il existe un gay salut que le clergé ignore et qu'il abominerait le connaissant, parce qu'il affranchit l'ouaille du pasteur, sauf pour le sacramentel.

Vous les voulez trop purs les heureux que vous faites, s'écrie le grand Musset, qui oublie que les larmes seules purifient et que les grands passionnés ont été de grands pleureurs.

Sans les anecdotes des taiseurs de copie et l'abominable critique de médicastres et de policiers qui règne, Baudelaire passerait pour un poète sacré : car il a fait des prières égales à celles du missel.

Stupidement, l'humanité s'est laissée convaincre de calembredaines moralistiques, qui ont chassé la beauté du sanctuaire et l'ont réduite à errer, sublime pierreuse, parmi la foule et dans les faubourgs de la cité morale : et comme les dieux eux-mêmes pâlissent et deviennent mornes, au départ de Fréia, les notions célestes ont pâli ; et la vertu a pris cet air de pénitence qui fait peur.

Sans doute, il faut souffrir : c'est la loi de ce monde, le prix de l'autre ! Et le spectacle fait pitié de ceux qui mettent la première venue et un souper entre eux et la volonté divine. Vraiment, les marcheurs, jeunes ou vieux, me paraissent de pauvres adversaires de la Norme. Mais, on peut choisir sa souffrance : cela est légitime et pour la plupart, ce choix ne saurait hésiter. Puisqu'il faut souffrir, il faut aimer.

Le lecteur, je pense, n'entends pas ici un écho de la *Nuit d'octobre* et ne songe pas à un amour dédaigné, à l'infidélité. Si deux êtres ne sont pas l'un vis-à-vis de l'autre, à l'état de bonne volonté absolue, qu'ils se quittent, qu'ils se fuient. En se rencontrant, ils se sont trompés ; vite qu'on s'excuse de l'erreur et qu'on s'oublie ! Je désigne ici cette souffrance générée par notre propre imperfection, réverbérée par autrui.

Souffrance très noble, très salutaire, parce qu'elle nous force à évoluer et que la seule raison de notre naissance se trouve dans cette même évolution.

L'épouvantable lacune de notre civilisation et que rien ne comblera, c'est la *médiocrité de la vie intérieure* ; le besoin du scandale dans le plaisir, le souci de la vanité dans l'amour, enfin cette espèce de servilité qui fait que deux êtres au déduit sont trois. L'opinion s'est couchée avec eux et ils se demandent s'ils sont enviables, pour sentir leur propre réalité.

L'art d'amour, avant toute épithète, s'appelle très secret comme l'ancienne alchimie ; et ce silence farouche, seule garantie de sa puissance, s'impose si expressément qu'on doit oublier ses lectures, les exemples et surtout son milieu, pour réaliser ce grand œuvre.

Folie de dire la façon d'aimer et d'imposer des règles autres que celles qui sortent de notre constitution même ! L'Eglise a trop donné dans cette erreur, réduisant son ascétisme à une école du dévot, approximative de l'école du soldat. A chacun selon son espèce !

Il y a une variété plus grande chez les hommes que chez les bêtes et cependant le rêve sacerdotal ne cesse d'envisager l'arche de Noé, ce jouet mythique, comme le prototype de l'Eglise militante. Aussi ne verrez-vous jamais sur l'opuscule dévotieux *l'art du salut*, parce que l'art implique la libre éclosion de l'individu.

Maintenant, s'il fallait citer des types littéraires ou historiques, l'embarras serait extrême : la fable tient une telle place dans ceux qui sont célèbres et que l'on ne peut isoler d'une des circonstances tragiques qui les déterminent !

En outre, la loi de l'art impose le choix de personnages intensifiés à outrance, destinés à mourir de leur amour, et non à le vivre et à le surpasser.

Indiquer le *Séraphitus Seraphita* de Balzac entraîne l'évocation de Swedenborg et de la théosophie. Quelque envergure qu'ait manifesté le mystagogue suédois, il représente l'illuminisme et mieux vaudrait alors s'aventurer dans l'éthique de l'occulte.

Villiers de Lisle-Adam a essayé dans « Axel » des formules d'une grande beauté prises isolément mais qui s'entrechoquent jusqu'à un dénouement absurde.

On peut dire au jeune peintre d'apprendre, avant tout, la perspective, ensuite les proportions... etc.

Nul ne lui fournira la recette des chefs-d'œuvre parce qu'elle n'existe pas ou plutôt cesse d'exister, du jour où un maître la réalise jusqu'à l'autre jour où un autre maître la découvrira.

En ce cas, dira-t-on, on n'a fait ici que tourner autour d'un mystère ?

Évidemment.

VII

PHILOSOPHIE DE LA VOLUPTÉ

Quand j'étais en sixième, à Saint-Joseph-d'Avignon, on appelait amour platonique la tendresse pure, et vulcanisme (*sic*) la sensualité. Ces catégories bizarres correspondaient au besoin de très jeunes cerveaux. D'après de sincères confidences, les femmes, qui ont quarante à cinquante ans aujourd'hui, ne distinguaient pas entre le cœur et les sens, à l'époque de leur première communion ; leurs filles, en revanche, à cette même période en savent beaucoup plus long, sur l'arbre du bien et du mal.

Ni dans ses souvenirs, ni par une enquête même patiente, on n'éclaircirait la genèse de la volupté chez l'individu. Elle a tant d'aspects, de degrés, de mutations ; et ces mutations si interchangeables ! Un seul exemple montrera l'inutilité de cette recherche. Comparez l'élève des jésuites à celui de l'Université. Le premier aura une sensibilité plus délicate, une imagination développée et une tendance mystique qui le dispose à l'amour-passion. La fréquence de la prière, l'atmosphère de la chapelle, le prestige de maîtres qui n'ont point d'intérêts dans le siècle, la familiarité avec les thèmes transcendantaux du salut, de l'éternité et des fins dernières, agiront puissamment sur l'adolescent.

Le second présentera le caractère brutal, irrespectueux, presque yankee d'un enseignement pratique, fortement imprégné de politique et des éphémérides, sous des maîtres sans prestige que leurs diplômes, ayant leurs devoirs et leurs passions au dehors et ne manifestant aucun trait du gourou. Ce qu'on dirait de l'un serait faux pour l'autre, comme la psychologie du protestant ne s'appliquerait nullement au catholique.

La religion et la philosophie lèvent la main ensemble pour l'exécration véhémente ou dédaigneuse de la volupté ; la littérature s'alimente presque exclusivement des tortures et des catastrophes qu'elle cause ; et le spectacle de la vie par des tableaux sanglants ou écœurants achève de la déshonorer. Ceux qui prennent sa défense se discréditent.

Et cependant elle joue un personnage décisif dans la vie des individus et des races : sa peinture suffirait à caractériser les civilisations.

Selon l'ancienne loi, on passait pour sage avec trois cents femmes. Ce nombre ne correspond qu'à la luxure et au luxe dans la luxure. Le harem où s'entassent les vierges, l'écurie sexuelle, la meute érotique diffère de la polygamie par son hyberbole même, il implique une notion qui sépare la volupté de l'amour.

La conception monogamique est à la fois aryaque, chrétienne et occidentale, elle subordonne la volupté à l'amour, qui y trouve son expression.

En dehors de ces deux points, le jugement panoramique des mœurs ne donnerait pas de résultat satisfaisant : les tableaux de l'ancien Orient seraient incertains, ce qui est une façon d'être infidèle, et ceux de l'Occident paraîtraient confus, par l'abondance même des documents.

Qu'est-ce que la volupté en soi ! Se mettre en quête d'une définition, c'est courir la bague du lieu commun. A l'encontre de Boileau, ce que l'on conçoit bien ne s'énonce pas du tout et les mots pour le dire ne viennent jamais. Les évidences échappent à la formule et d'autant plus que l'esprit qui les envisage est doué d'étendue.

Le bien et le mal ne tiennent dans aucun déterminisme, il faut les circonscrire sous un rapport étroit, pour les adjectiver.

« Redoute la volupté : elle est mère de la douleur » dit Solon. « Redoute la science : elle est mère du doute et il vaut mieux croire que savoir », dira un autre.

« Qui ne refrène la volupté, tourne à la brute », écrit Léonard de Vinci. « Qui ne refrène l'ambition tourne au fauve. » — « Qui ne refrène son zèle tourne au tyran d'autrui ».

Toute activité engendre de la douleur ; il n'est pas de passion qui se passe de frein.

La volupté est la plus haute des sensations : voilà le premier point que je propose. La vue de la chair excite un plus noble appétit que la vue de la viande : l'idée de caresser est moins animale que celle de manger. Pour employer les termes du catéchisme, la luxure est d'ordre supérieur à la gourmandise.

Pourquoi la gourmandise est-elle acceptée, seul péché capital, dont les clercs jouissent publiquement et sans entacher leur prestige ?

Ses conséquences restent individuelles ; elle se satisfait, sans désordre ni péril pour autrui.

La volupté est une sensation qui émane d'une personne de l'autre sexe. Les objections se lèvent en foule ; anciens et modernes se présentent contradictoires : mais ce sont là des vices, c'est-à-dire des maladies de la sensibilité, et rien de plus.

La volupté est individuelle et accidentelle : elle change avec chacun, et toutes les fois qu'elle se produit, elle change pour chacun. Cela n'implique pas que sa qualité se tire de celle de l'individu. Un philosophe chez la courtisane vaut moins sur ce plan que le jouvenceau qui se réjouit d'une fleur donnée par une chère main.

Force attractive et rayonnante, la volupté agit

sur tous les sens, spectacle, arome, saveur, contact, sonorité même ; cela se produit simultanément. Il n'y a pas d'autre sensation, sinon l'extrême angoisse, qui atteigne à une telle polyphonie. Dès lors elle réagit à la fois sur l'âme et sur le cerveau et les excite à des sentiments très vifs et à des imaginations très colorées. Chez les êtres accomplis, la volupté ne naît point dans la sensation, elle résulte d'un mouvement animique ou d'une cogitation, et l'onde cérébrale ou morale va éveiller les sens : c'est là le phénomène dans sa caractéristique.

Un Allemand a vu dans la volupté le génie de l'espèce qui s'ingénie à se perpétuer : il a oublié que la volupté est en deça et au-delà de l'acte perpétratif. Autant dire qu'une tragédie n'est qu'une catastrophe, une ballade qu'un refrain.

La volupté n'est pas un acte déterminable, c'est littéralement l'esprit de la matière (*fluat ubi vult*). Les casuistes, obsédés par l'idée de diviser les péchés en véniels et mortels, adoptèrent des formules d'une incroyable grossièreté.

Le caractère du péché mortel gît pour eux dans la consommation, dans le fait brutal, tel qu'il se présente à leur imagination d'hommes continents. L'image lourde de la Bête à deux dos plane sur la théologie morale. Il y a cependant une graduation logique de la fornication à l'adultère.

C'est une terrible audace, que de déclarer comme

passible d'éternelle damnation la caresse de deux êtres libres de devoir, l'un et l'autre.

Daphnis et Chloé damnés; est-ce pas un trait comique? Chérubin consommant avec la petite Fanchette, damnation !

Dans un pareil édit, il y a deux inspirations : celle de la chasteté, qui rend un homme inapte à traiter des matières voluptueuses ; celle de la bonne police, hurlante et comminatoire. L'incompétence du clerc en matière sexuelle est radicale. Quant à son zèle pour l'espèce, la société, la famille, il faut le croire sincère. Il voit les désastres causés par l'amour, il ne voit pas ceux causés par sa religion. Si l'Amour perdit Troie, combien de villes tombèrent pour de moindres motifs. Hélène valait mieux que les intérêts de la rue du Sentier. Aujourd'hui, on ne fera la guerre que pour imposer des marchandises ou accaparer des mines. Ici apparaît la grande lacune de la conception ecclésiastique : abolir un élément dangereux, cela se propose bien philosophiquement, si un élément pouvait s'abolir. « Voyez notre cas », diront les prêtres, « nous avons renoncé à l'amour » ; ils n'aiment pas, ils disent vrai.

Si la Charité avait pris dans leur cœur la place de l'amour, ce seraient des saints, c'est-à-dire des êtres de lumière, de chaleur et de paix ; car il y aurait substitution de mobile, ce qui n'arrive pas, en dehors du mysticisme.

Faute de connaître la place hiérarchique de la volupté dans l'harmonie, les clercs ont cherché à la discréditer, sans souci de la remplacer. La perfection chrétienne se présente comme une perfection ecclésiastique, voire monacale, basée sur les facultés passives, humilité, obéissance, résignation, qui ne produisent leurs fruits, que sous une discipline acceptée.

Depuis le temps où on a dit : « Il n'y a pas de maladies, il n'y a que des malades », un homme de séminaire aurait dû s'écrier aussi : « Il n'y a pas de péchés, il n'y a que des pécheurs. » Mais la paresse, le besoin de certitude l'emportèrent sur l'évidence.

La confession devrait éclairer toute la psychologie d'une époque; elle ne donne littéralement qu'un poncif d'aveu et un poncif d'exhortation qui s'affrontent; le pénitent retire des effets du sacrement, le prêtre ne s'y instruit pas. Un vieil avoué connaît les affaires, un vieux prêtre ne connaît pas les passions. A d'autres d'expliquer cette énigme?

Pour la volupté, l'enseignement religieux n'hésite pas, il la rejette parmi les quasi-délits; la casuistique la tolère comme excitant de la génération. Ici se pose la question socratique : La volupté est-elle un bien ou un mal? « Le vrai bien », dit le siècle; « le mal ou l'occasion du mal », dit l'Eglise.

La volupté est une force : et comme telle prend

sa qualification de son emploi. Bonne, lorsqu'elle opère suivant sa Norme : et sa Norme est la loi spirituelle. Quelle que soit la tendance universelle à rechercher la volupté pour elle-même, à l'instar de Salomon et du premier venu, il y a là une corruption évidente. La volupté n'a pas son but en soi ; elle le trouve dans l'amour, qu'elle perpétue, après l'avoir aidé à naître. L'intimité ne produirait presque aucun de ses fruits, sans la volupté.

Qu'on envisage la continuité des heures et le conflit incessant des humeurs entre deux êtres ; et on comprendra qu'il faut, sans cesse, rétablir et ranimer la communion ; ce qui ne s'opère que par le jeu des sens.

La civilisation n'a pas d'autre ferment que le désir sexuel, qui a commencé la sociabilité et qui l'entretient.

La volupté ne prend pas sa qualité de la personne : le même individu, supérieur, voire transcendantal en d'autres points, se montre quelconque sur celui-là. Il y a des voluptueux dans le même sens qu'il y a des artistes, c'est-à-dire des êtres doués pour donner et ressentir le plaisir ; l'œil du peintre, l'oreille du musicien ont pour parallèles la vibration de l'amoureux.

Toute faculté est susceptible de perversité ou d'harmonie, et celle qui nous occupe a le caractère d'un rameau du fameux arbre aux fruits défendus.

Aucun art ne lui ressemble autant que la musique, le plus matériel de tous, le seul qui atteigne vraiment à la sensation, par l'opération physique des ondes sonores ; il passe pour idéaliste, parce que, à l'instar de la volupté, il détermine des harmoniques, passionnelles et idéologiques.

La vibration auditive se répercute en vibration nerveuse. Elle agit sur le cœur et le cerveau avec autant de force et moins de précision que la vibration optique. La vue d'un vallon de Tempé fait penser au bonheur ; et certaines mesures de Haendel évoquent ce même vallon.

Dans la volupté, on n'est point passif, ni simplement interprétateur. C'est une vaste composition, où on crée ses sensations, en créant celles d'autrui.

Celui qui a comparé la volupté à un chant, à deux parties, ne s'est pas trompé ; s'il a entendu parler d'une improvisation, qui défie la notation, comme la répétition.

Nul n'a éprouvé deux fois la même sensation, et ce fait d'ordre expérimental ôte à Don Juan son prétexte : en changeant de maîtresse, il ne change rien à lui-même ; et c'est en lui seul qu'il pourrait découvrir la diversité.

Si je ne craignais de blesser d'honorables susceptibilités, je dirais que la volupté constitue le for intérieur de l'amour. C'est le mysticisme de la passion : car un mystique est celui qui pense ou fait des choses cachées, quelles que soient ces choses.

Mythe, mystère, mystique veulent dire identiquement le silence!

Une fable est un silence sur le mystère; et les initiés contemporaïns, pris dans le vertige de la vulgarisation, oublient radicalement que le mythe ne parle, ni ne se révèle, ni ne se publie, ni ne s'explique. Au contraire, il se tait, il colore ou obscurcit de teinte profane et ne livre rien de ce qu'il sait.

La volupté est un mystère; et les mystères se proposent et ne se prouvent pas, sans quoi ils ne seraient que des notions démontrables.

Il y a mystère, dès que l'expérience ne satisfait pas à l'interrogation. Les mathématiques sont évidentes, les phénomènes physiques aussi. Une opération arithmétique demeure invariable, sous tous les climats : mais l'œuvre d'art n'existe que pour une catégorie restreinte d'individus, et l'œuvre d'amour que pour deux personnes : encore beaucoup de ce que l'un ressent reste à jamais ignoré de l'autre. Les façons de penser se pourraient ramener à quelques types : les façons de sentir échappent à la catégorisation.

Cependant, l'être humain vivant sur trois portées simultanées, on peut s'enquérir de ce qu'il a d'écrit sur la portée animique et la portée spirituelle, quand le motif occupe la sensorielle.

Malgré que l'esprit peut pervertir la sensation et que les transferts du physique au métaphysique confinent à la maladie et à la manie ; malgré le danger des complexités ; plus une sensation s'anime se spiritualise, plus elle s'élève.

La hiérarchie diffère de celle que donnerait la morale, qui en apparence aurait intérêt à la simple manifestation de l'instinct. Je dis en apparence, car le délit ne peut se séparer de ses conséquences. Tristan et Yseult sont adultères ; ils sont sublimes aussi, par le caractère absolu de leur passion.

Ce n'est pas un mauvais penchant qui nous pousse à exalter les folles passions. Tragiques, elles portent leur absolution dans leurs douleurs et servent doublement d'exemples ; elles combattent à la fois la somnolence égoïste de notre nature et aussi son mouvement séditieux.

La volupté est-elle légitime ? La douleur inévitable infuse dans notre organisme constitue la preuve que nous ne devons pas repousser les jouissances compensatrices ; elles sont là pour l'équilibre.

Un argument des plus forts contre la volupté, c'est l'impossibilité de la modération et l'irritation que l'idée seule de tempérance nous cause. En tout, l'excès seul est un plaisir et l'excès entraîne une réaction déprimante. A cela, il n'y a qu'un remède, l'unité dans la volupté et la volupté seulement pour l'amour.

Celui qui, dans une grande ville, accepte les occasions, à leur rencontre, court à l'abrutissement.

Dans l'amour, la volupté trouve sa limite harmonieuse, par le simple effet de la suite des jours qui modifie les dispositions : dans le mariage, qui n'est que la forme sociale de l'amour, on doit plutôt craindre que cette limite ne soit excessivement étroite et hâtive. Si les clercs avaient étudié la question autrement qu'en entêtés d'eux-mêmes, ils auraient découvert que la volupté dans le mariage est la grande panacée contre l'adultère.

Le désir étant le lien le plus puissant d'un être à un autre, il serait imprudent d'y renoncer. La civilisation n'a pas d'autre origine ; et ce que nous appelons le bonheur, d'autre forme ardente. L'univers entier ne fournirait pas ce que donne un seul être. Pour embrasser, il faut circonscrire son étreinte. Quelques signes conventionnels comme les lettres suffisent à faire tout voir, tout ressentir et tout entendre. Comment s'étonner qu'un être humain devienne le paradis d'un autre ?

L'objet aimé a les propriétés d'un miroir ou plutôt d'une chambre claire où se projetterait l'invisible avec le visible.

Cette opération de la sensibilité, qui se tend tout entière vers le complémentaire, est vraiment prodigieuse. Il y a beaucoup plus d'âme qu'on ne l'accorde dans l'amour, mais la chair y agit, décisive.

« C'est un fort grand esprit, et physiquement il me répugne. » Quel homme ne serait blessé d'un tel propos, si illustre et si vieux soit-il ?

Cette répugnance, quoiqu'elle ne tienne qu'à la surface, met une barrière infranchissable entre deux êtres qui, sans cela, s'entendraient de tous points. Quand une femme laisse voir qu'elle aurait du goût pour votre baiser, elle a épuisé du coup la flatterie.

Représenter du plaisir pour autrui, c'est la délicieuse impression : un sot peut la donner, une fille aussi : du reste, on se blase vite là-dessus. Mais l'impression contraire a des conséquences si étendues, qu'elle change les rapports entre les individus.

Le phénomène de l'attraction charnelle peut paraître bas ; il l'est peut-être, mais il décide du bonheur. Pour atteindre l'âme, il faut que son enveloppe s'ouvre et elle ne s'ouvre que par la vertu du désir.

Souffrir et jouir sont les deux états synthétiques de la vie : et le problème tel qu'il se pose, depuis que les hommes, n'étant plus écrasés par la nécessité, n'ayant plus à défendre leur existence, s'efforcent d'en comprendre les lois, aboutit à ce dilemme :

Ou provoquer des souffrances volontaires pour échapper aux fatales, ou tempérer les souffrances fatales par les jouissances possibles.

Qui décidera du meilleur parti, entre la paix du cloître et le combat du siècle? Le moine renonce aux jouissances normales et sociales : du même coup, il se délivre des passions et des besoins.

Bon fils, bon époux, bon père, bon citoyen, ces énonciations font sourire parce que nous les associons à une idée de médiocrité : avec plus d'attention, cela paraît autrement difficile que d'être un excellent moine.

La vie contemplative, quand elle ne porte pas de fruits de charité et qu'elle se borne au colloque d'une âme avec Dieu, doit être respectée, sans nul doute; elle ne fournit aucun exemple et ne sera jugée que par celui qui en est l'objet.

C'est une étrange chose que les clercs donnent tant d'importance à la vérité verbale, et que les gens soient classés sur leur croyance. Il n'y a pas un homme sur un million qui puisse concevoir ni donner une raison de la Trinité : il n'y a pas un homme sur un million qui n'entende clairement la charité, forme rayonnante de l'amour. Or, il y a beaucoup de charité dans l'amour; injustement on n'en montre que l'égoïsme. Aux plus misérables passions fleurissent des abnégations, des indulgences que la critique méconnaît, sur la foi de vieux textes. Ici, il faut encore employer l'éternel « distinguo ».

Une charité prend sa source dans l'amour de Dieu, c'est celle des théologiens.

Une autre naît de la seule compassion : je pense qu'on l'admet en lieu sacré. Une troisième se forme dans la passion ; et celle-là, on ne la mentionne même pas.

Dès que le casuiste a posé son étiquette *fornicatio, adulterium*, il a jugé et ne regarde plus. P. M. Péché mortel !

Dans ce péché d'une vie si intense, combien d'autres péchés se succèdent et parfois quelles vertus s'y montrent ! Que de pitié dans certaines fautes de la femme, que de générosité dans certaines lâchetés d'homme, et partout que de souffrance !

Quelle que soit l'intention, le fait garde la valeur. Celui qui aide est béni, que son aide soit inspirée par la vertu ou le péché.

Donner de la volupté peut être un effet très digne d'un noble sentiment.

Un autre point réclame notre examen : le rôle évaporateur du plaisir, son caractère de débrideur des plaies, de cicatrisateur des blessures, et, pour employer une forme basse, de soupape de sûreté.

La volupté représente la résolution de tous les accords de la personnalité : c'est un vomitorium où s'engouffrent et se perdent les flots des autres passions ! Ici, le clerc n'a pas su interroger l'histoire : elle lui aurait répondu par d'innumérables exemples.

L'insatisfaction de la plupart de nos désirs détermine de véritables congestions de la volonté, très mauvaises conseillères, génératrices d'obstination, de cruauté, de scélératesse. Quel autre refuge pour l'homme, qui se heurte aux contradictions violentes ou persistantes, que le domaine de la sensation amoureuse? Elle agit au plus haut point, comme confirmatrice de la personnalité.

Les moralistes n'envisagent que l'espèce de dépression qui suit les plaisirs ; et en face de l'être détendu et las, ils concluent contre eux. Cette détente, prévue et voulue par le Créateur, fait partie intégrante du mécanisme humain.

La volupté est une sorte d'enthousiasme qui soulève les forces intérieures et entraîne une multitude de désirs vers leur satisfaction ? Non, vers leur extinction.

Le génie de l'espèce, si cette fiction correspond à quelque réalité, se fait plutôt le conservateur des êtres vivants que l'incitateur de la génération : et certes, il a fort à s'évertuer, pour résoudre les discordances de l'imagination et obtenir des réactions salutaires aux actions désordonnées.

Pour l'homme primitif de l'anthropologie, comme pour le personnage mythique de la théologie, la volupté fut la première lueur de poésie, de douceur et de paix : à ce feu des sens, la vie intérieure s'alluma. Pour l'homme décadent de notre société, comme pour celui de toutes les civilisations accomplies, la volupté est aussi la dernière lueur de poésie, de douceur et de paix.

Ferment incomparable de l'évolution, à son point initial, la volupté est le grand anesthésique des époques expirantes et malades.

Nous ne savons plus souffrir et nous ne le voulons plus ; la douleur morale, qui est le véritable impôt que la Providence lève sur nous, ne peut rentrer, que sous forme passionnelle.

Avec un peu d'attention, on voit la volupté jouer chez l'individu le même rôle que dans une civilisation, elle révèle la vie affective à la vierge et à l'adolescent ; elle apaise ensuite les rancœurs de l'âge mûr.

En ne chantant que l'amour jeune, les poètes obéissent à la loi esthétique, comme les artistes ; dans la réalité, ceux qui confinent à la vieillesse demandent à la volupté la dernière vibration intense. A cinquante ans, on ne croit plus guère aux parades sociales, à l'ambition, à la gloire, aux honneurs, aux trésors : parce qu'on méprise l'humanité et que la vie, en nous montrant ses secrets, nous a écœurés. A cet âge, pris abstraitement, le suffrage des concitoyens, l'estime des gens de bien, la conscience du devoir accompli et les fonctions et les décorations ont perdu leur prestige. On tient ses concitoyens pour des inconscients, les gens de bien pour des inertes, le devoir comme un pensum, les fonctions comme des farces et les honneurs pour des formes de puérilité ; on est désabusé ; et un baiser, si on peut le donner ou le recevoir, dans certaines circonstances affirmatives, l'emporte sur tout. On s'est moqué de Théophile Gautier lorsqu'il offrit ses droits de citoyen pour voir Julia Grisi au bain. Il y a peu de paroles aussi sérieuses et, dirait-on, aussi simples. La vue d'un beau corps, certes, mérite une autre attention que la chose publique, du moins pour un homme mûr, honnête et lucide : car s'il n'est point honnête il pensera à ses intérêts ; ou s'il n'est pas lucide, il croira à l'utilité de l'effort social.

Les professionnels du civisme ne manquent pas de s'indigner devant quiconque tourne le dos à leur parade et refuse de s'ajouter à cette foule qui sert aujourd'hui de prétexte à tout faire. Mais le devoir social consiste en une négative : ne pas faire ceci ou cela, c'est-à-dire ne rien faire, littéralement rien. Ce sera le cas de l'époux voluptueux ; je dois souligner ce mot d'époux ; seul il implique une limite nécessaire à la sensualité. Quiconque active en lui la volupté par la variété des objets suit une voie de déperdition, de vulgarité et de désharmonie ; il compromet sa personne, il sème du désordre. C'est un séditieux, enfin et comme tel un être inférieur et néfaste.

Selon la prudence masculine, la sagesse d'après boire et les conversations de cercle, on court grand danger, en développant les sens de sa femme. N'en court-on pas un **autre**, en les laissant inactifs, de façon qu'en s'éveillant, ils aient une force à rompre les obstacles ?

Le parti le plus honnête sera toujours le plus sûr, et l'honnêteté dans le mariage, l'honnêteté de l'homme envers la femme n'a pas d'autre nom que la volupté. Cette notion se fait jour. N'en donnerait-on pour preuve que cette idée d'un écrivain de mettre l'amour dans le code, comme premier devoir des époux ?

La sainteté du mariage fait la force **des nations**, on nous l'a dit et on a eu raison. Hélas ! nous sommes fort désintéressés de la sainteté et de la nation. Il faut trouver une formule plus immédiate, plus vivante. La volupté dans le mariage est la garantie des bonnes mœurs, pour des races qui ont désappris l'esprit de sacrifice.

Ici se place une parenthèse d'époque dont l'importance n'échappera à personne. Nos mauvaises mœurs ne viennent pas d'une recherche des voluptés ; la femme contemporaine serait facilement sage, s'il ne fallait qu'elle s'habillât, à tout prix.

La toilette presque seule fait les adultères ; le contemporain voit la femme avec les yeux de la vanité. S'il était voluptueux, il s'inquiéterait moins de l'envie du passant et davantage de ses propres sensations. Quoi de plus misérable que de songer encore à l'opinion de son monde, de sa coterie, de ses amis ou ennemis, à l'heure secrète où toutes les fibres nerveuses vibrent à la fois !

Un des pires effets des fréquentations masculines se manifeste dans une dépréciation de la chair. On en parle salement, on en réduit l'extraordinaire tragique à des propos niais et vulgaires. Quelle nausée vous monte, en entendant deux hommes disserter sur cette matière obscure et passionnante ; le sourire, voire le rire, accompagné d'expressions si basses qu'on ne les peut citer ! Quoi ! De telles préoccupations, des risques si graves. des conséquences si inquiétantes, et tant d'étourderie !

La volupté est une chose très sérieuse, ou bien on ne la connaît point et on n'a fait que ses simulacres. Car elle commence au delà de l'instinct. Nietzsche, qu'il faut citer, parce qu'on le lit aujourd'hui, a dit : « Il y a une continuation de l'amour où l'avide désir de deux personnes l'une pour l'autre fait place à une nouvelle avidité, à une soif commune supérieure d'un idéal placé au-dessus d'elles. Mais qui connaît cet amour ? Qui l'a vu, reçu ! Son véritable nom est amitié. »

L'écrivain allemand obéit au catégorisme cher à sa race et reproduit l'erreur socratique.

Comme un tempérament joue le rôle de limite, il ne conçoit pas la simultanéité de la volupté et de l'idéalité : et nous touchons au point décisif du sujet.

La volupté emprunte sa qualité à l'amour. Si

deux êtres s'aiment profondément, et qu'ils conçoivent, comme bonheur, un effort mutuel vers la perfection, leur désir de possession se trouvera parallèle au désir d'idéalité.

A une époque où le développement féminin atteint à un degré si extraordinaire, la thèse du Symposion se retourne, de bout en bout. L'Athénien chercha l'amante dans l'ami, le contemporain veut trouver l'ami dans l'amante.

On n'a guère étudié que la naissance de la passion et son dénouement. Sur la partie heureuse, un silence plane dans toute la littérature : personne n'a consacré un roman à peindre le bonheur de deux amants. Est-ce possible? Sans doute, mais ce ne sera point esthétique. Ce bonheur opère en mode radiant et l'expression présenterait des difficultés incroyables.

Nul ne traduirait avec sûreté un des derniers quatuors de Beethoven, en phrases précises. Or, la volupté, analogue à la musique, au caractère d'indéfini joint celui de l'individuel.

Clergé, famille, société, unanimes en leur inconscience, unissent solennellement des êtres qui ne se combineront pas ; et l'idée de cette combinaison nécessaire, on l'écarte comme impudique. Est-ce qu'une jeune fille bien née a des sens? Certainement non, pas plus qu'une Anglaise n'a rien de ce qu'exprime l'épithète de Callypige.

Nietzsche a défini la volupté « une suite de petites crispations de déplaisir ». Cela n'est pas sérieux. La volupté est une suite de sensations aussi variées que les mesures d'une sonate. Il n'y a aucune raison pour qu'elles soient petites ou crispées.

La première nuit a plus désuni d'époux que la différence des humeurs et le cours des circonstances : car elle présente souvent pour la vierge de petites crispations de déplaisir.

Comme un homme de la préhistoire, le contemporain se précipite sur la compagne de toute sa vie, à la façon d'un chasseur sur une proie ; il viole une sensibilité qui ne s'éveillera que dans dix ou vingt ans, sans gradation, sans incubation. La jeune fille sait aujourd'hui de quoi il sera question au soir nuptial : mais, même avertie, même pervertie, même non vierge, si elle est encore pucelle, elle ignore qu'elle sera sa sensation propre : et ce sera du déplaisir fatalement, parce que l'époux la conçoit passive, et que, passive, elle se trouve violée.

La convenance ne tient pas tant à la physiologie qu'à une élection nerveuse.

Une mère qui s'enquiert de savoir si le prétendant plaît à sa fille pose si mal sa question qu'elle n'en a jamais la réponse. « Il ne te déplaît pas ? » Le « non » suffit comme affirmation. En vérité, il faudrait savoir si la fiancée éprouve un plaisir permanent à voir, à toucher et à être touchée ; il faudrait démêler ce qui appartient à l'instinct sexuel de ce qui prend la signification d'un choix. Bref, les conditions d'éprouver sont les conditions d'aimer ; et le reste ne sert que de voile aux combinaisons d'intérêt.

Certes, on se trompe en amour et surtout dans les mouvements vifs ; l'erreur dans le mariage dépasse de beaucoup celle plus réparable de la passion. Il n'y a point d'entreprises qui ne soient hasardées ; et le bonheur ou ce que nous appelons de ce nom, se présente comme une énigme thébaine ; si on ne la devine pas, on meurt. Les pouvoirs spirituels tendent à éluder une solution qui ne peut être juste, que personnellement. Dès qu'on a égard aux personnes, il n'y a plus de loi, dans le sens égalitaire de notre civilisation. Sous prétexte de justice, on a unifié les responsabilités, au profit des habiles. Mais dans la Norme, il n'y a point de mailles où l'adresse puisse passer et tout se conclut impitoyablement, par le jeu des causes secondes.

On appelle ainsi, dans le vieux langage hermétique, les forces qui se manifestent dans les interstices des grandes lois. Simplifier, certes, sera toujours le vœu des bons esprits, mais quel effort ; et à ouvrir un dictionnaire, on voit combien les définitions, même flottantes, laissent de côté des aspects essentiels.

Dirons-nous de la volupté : « sensation sexuelle »,

il y entre tant de sentiment et d'imagination que l'épithète de sensation disconvient à la plupart des cas » ? Dirons-nous : « impression physique sentimentale et imaginative d'ordre sexuel » ? Mettrons-nous la conjonction *et* entre ces trois termes ?

Vaudrait-il mieux : « faculté de ressentir du plaisir à la pensée, à la vue, au contact d'un être aimé ? »

Ou bien : « état de ceux qui s'aiment ? » On pourrait s'arrêter ici. La volupté ne consiste précisément en aucun acte, en aucun fait, sinon la présence ; elle n'a aucun caractère déterminé dans sa manifestation.

Le désir, tel qu'on le conçoit d'ordinaire, tend à la possession totale, qui opère sa résolution et l'abolit pour un moment : la volupté naît d'un désir, mais elle est un plaisir permanent, susceptible de croître indéfiniment. Son caractère essentiel sera la petite quantité de sensation positive.

Quelqu'un se souviendra d'avoir pressé le bras d'une femme avec plus de volupté qu'il n'en a jamais eu au déduit le plus ample. La jouissance ou le plaisir n'est pas un synonyme de la volupté ; et on parlerait mal, en les identifiant.

La perversité ne se confond pas avec le vice, elle implique une conscience et une volonté dans un domaine instinctif ; la volupté s'élève au-dessus du plaisir, bref et précis, par sa durée et ses causes in-déterminées.

La volupté rayonne d'une personne à l'autre, phénomène d'attraction concentrée par l'imagination. Son symptôme majeur consiste dans la radiance périphérique, c'est-à-dire que le dos attire autant que la gorge, et le coude autant que le genou.

Dans l'état magnétique, la localisation des sens cesse : le sujet entend avec l'épigastre et sent avec l'omoplate. Dans la volupté il n'y a plus de localisation érotique : n'importe qu'elle partie de la chair aimée, la plus éloignée des centres érogènes, cause la même sensation, ou presque, que ces centres-là.

Ce critère ne trompe pas. Moins il faut de chair et de caresse instinctive pour donner du plaisir, plus la volupté s'élève en qualité ; parce que l'imagination ou le sentiment tiennent en grande partie la place normale de l'ordinaire sexualité.

La conclusion étonnera, quoique rigoureuse. Il n'y a pas de volupté, hors de l'amour ; et ceux qui achètent et vendent des sensations ignorent radicalement les joies subtiles et profondes. On objectera que la volupté se manifeste sans passion, presque sans tendresse, chez certains êtres : cela peut s'observer entre gens très raffinés, et l'esprit alors tient le personnage de l'âme : cela ne contredit pas à la théorie ; car les mirages du cerveau égalent en puissance les battements du cœur.

Le lecteur a dû s'apercevoir qu'il y a beaucoup de choses qui lui semblent singulières ou qui paraîtraient telles à d'autres qu'il connaît et ne prise point.

On a divisé l'enseignement en trois degrés, et la matière transcendantale n'en a qu'un. Voilà pourquoi on ne satisfait certains esprits qu'en scandalisant d'autres entendements. Cela ne tient pas à l'auteur, mais 'au sujet, qui se présente à chacun, selon son prisme individuel.

LIVRE II

L'ASCÈSE

> *Les mystères du Beau et ceux de l'Amour sont semblables.*
>
> PLATON.

I

LA VRAIE VOIE

> « *Je suis la voie, la lumière et la vie* ». *La
> voie est un des trois noms qu'Il s'est donné.
> Nos ancêtres confondaient leur idéal de mysti-
> cisme, de chevalerie et de sainteté dans cette
> expression, la voie du Graal, Œdipe enfin,
> le saint de la poésie grecque commence sa
> destinée aux Trois Voies (triodos).*

La vraie voie, en amour, surtout, c'est la charité.

Cette vertu nous incline vers autrui : des mouvements de notre âme, aucun ne lui est comparable.
Ni la nature, ni l'animalité ne le contient. La bête
a nos passions, elle accomplit plusieurs de nos devoirs et fournit des preuves d'une intelligence
qu'on déshonore, sous le nom d'instinct. La charité est la marque de l'homme, le signe de son immortalité.

Avec elle, dit la théologie, on ne peut se perdre ;
et sans elle, nul n'est sûr du salut.

Ce mouvement vers autrui est-il spontané ? L'être est *né* dans le sens de la véritable noblesse.

Ce mouvement est-il volontaire, continu, répété ? L'être témoigne de son mérite. La Charité est l'au-delà du devoir : c'est aussi l'au-delà de l'amour.

« Aime ton prochain comme toi-même », dit le prêtre, incapable de pratiquer son enseignement ; à moins de cette sainteté, sœur du génie où l'homme devient un ange.

« Aime ton amante, comme toi-même, » dirai-je et avec plus de confiance, « car c'est le seul prochain que tu puisses aimer ainsi. A titre d'exception, de façon momentanée et parce que ton amante à certaines heures, devient toi-même. »

On appelle égoïsme le mouvement naturel de notre sensibilité ; et l'amour n'est si sublime que parce qu'il triomphe de la nature et passe au plan surnaturel. La perfection serait qu'il y restât.

L'autorité morale, sous ses noms divers, vitupère l'amour et l'accuse d'apporter mille maux. L'immoralité de notre littérature et la démence de nos tribunaux s'unissent à l'opinion pour absoudre la scélératesse à mobiles passionnels.

On peut dire du plus honnête homme qu'il ne l'est point, dès qu'il aime et envers l'être aimé.

Mentir, tromper, torturer, voire tuer ne déshonorent personne, quand le motif est d'amour.

Or, le crime commis au nom de l'amour devrait être deux fois puni.

Est-ce que la cruauté des moines ne révolte pas plus vivement que celle des soldats, et l'*auto-da-fé* ne crie-t-il pas vengeance au ciel plus violemment que l'échafaud ?

Qui tue, au nom de Dieu, ajoute le sacrilège au meurtre : qui frappe, au nom de l'Amour, ajoute la profanation à la brutalité.

« Tu ne feras pas de mal à l'être que tu aimes ! » Quel précepte rarement obéi ! Et cependant c'est le commencement de l'amour, le devoir négatif, le plus strict, celui dont nul ne s'exempte, sans délit.

Moïse qui ne parle ni de ciel, ni d'enfer, demande à l'homme de respecter la vie : « Tu ne tueras point. » Le prêtre pourrait borner là ses exhortations à la charité. Engrosser une vierge, c'est un double homicide, c'est créer de la souffrance en deux êtres à la fois, et sans autre excuse qu'une paresse dans la pollution, qu'un laisser aller odieusement bestial.

Moïse, qui n'invoque aucune sanction d'au-delà continue : « Tu ne voleras pas. » Ici, commence l'effarante confusion du plan passionnel.

Comment assimiler au vol d'un bœuf, l'élan de la femme éprise qui se jette dans vos bras. Est-ce que Joseph eut volé la femme de Phut-Phré, en cédant à ses caresses ? Quels sont les droits de l'Amour ? car il en a.

Hunding poursuit et tue le ravisseur de sa

femme : ainsi l'exige Fricka-Junon. En dépit des docteurs, il n'y a pas un seul assistant qui n'applaudisse, de tout son être, à l'amour de Siegmund et de Sieglinde.

Otez à l'héroïne les circonstances extraordinaires de la fable et la consanguinité et le rapt qui l'a mise au foyer du brutal et cette brutalité même. Supposez que Wolfram d'Eschenbach soit l'époux et Tannhauser l'amant, que direz-vous ? J'entends, de sérieux et de fort, et non la citation d'un texte social ou moral.

Vous vous tairez, parce que nul ne doit parler contre le devoir, ni contre l'amour : il n'y a que des théologistes pour trancher un tel conflit.

Faire la charité, dans le courant langage, c'est faire l'aumône et donner sans idée de retour. Ici, il s'agit d'un échange, l'amour rend ce qui lui est prêté, et dans la même monnaie.

Le chat qui ronronne à côté de nous, paie largement nos soins ? Son merci harmonieux nous honore. Il rend grâce de telle façon, que nous le ferions à un bon ange visible.

Faire ronronner l'être aimé, cela semblera indigne du grand mot de charité ! Et cependant diminuer la souffrance, augmenter la joie c'est un office divin, si on ne pense ni à l'Inde qui endort l'activité pour soulager la sensibilité, ni aux vulgaires déportements qu'on qualifie de joies.

« Soyez des saints » nous disent ceux qui ignorent

la sainteté : « Ne soyez pas des monstres », ce sera déjà un résultat appréciable.

Saint Jean, à la fin de ses jours n'avait qu'un leit motiv, lui le subtil : « Aimez-vous bien, mes petits enfants. » Détournerai-je cette parole, au profit de mon sujet ? Je marche sur un terrain profané par les clercs comme par ceux du siècle, mais non profane.

— Vous qui vous aimez, aimez-vous bien, c'est-à-dire pour le bien que vous pouvez faire, en aimant ; pour le bien qui doit naître de votre communion. Car, la stérilité n'est admissible que pour les corps, l'âme doit toujours être féconde. Et quand le sera-t-elle ? Lorsque elle augmentera en nous la vie de la grâce.

Qu'est-ce que la Grâce ? Le triple mystère de la santé et de la volupté, de l'émotivité et de la charité, de l'intellectualité et de l'abstraction.

Ce n'est pas clair, dira-t-on. A fixer le soleil obstinément, on s'aveugle ; un seul de ses rayons nous éclaire et nous conforte.

La grâce du corps, c'est d'abord ne pas souffrir, ensuite de jouir.

La grâce de l'âme c'est de s'émouvoir et ensuite de s'épandre.

La Grâce de l'esprit, c'est certainement de comprendre jusqu'au point où l'idéal se révèle.

La chair est un aliment de notre sensibilité et il n'y a aucun péché à contempler un sein nu.

Il y a plus de dignité et de joie à contempler un cœur.

Enfin, le contact d'esprit à esprit l'emporte sur les caresses et les attendrissements.

Pour être beau et normal à la fois, le désir sera triple, embrassant les trois termes de la manifestation humaine.

Sans doute, le désir spirituel l'emporte sur le passionnel, qui lui-même dépasse le lascif : il y a là une hiérarchie, suivant que le cerveau, le cœur ou la chair prédomine. Mais, quelle puérilité de vouloir doser chaque élément, en face de l'infinie variété des individus. Tannhauser a droit à plus de la volupté que Wolfram : mais le feu de ses sens est surpassé par le feu de son âme : on le voit dans sa pénitence.

La volupté, en soi ne vaut ni plus, ni moins qu'une autre faculté ; son rôle est divers, suivant l'individu. Comme dit Corneille.

Quelquefois l'un se brise ou l'autre s'est sauvé
Et par où l'un périt, un autre est conservé.

Commode façon de légiférer que d'exécrer. Trompeuses voluptés ! En quoi sont-elles si décevantes? L'attachement de la terre et du monde n'est point honteux : il est inférieur à celui du ciel, voilà tout.

Notre morale a besoin d'être refaite dans un esprit différent de l'ancienne.

« Que vos passions soient le modèle de votre pénitence », dira Massillon. Ce qui veut dire dans
cette sagesse du siècle qui n'a pas le même caractère que celle de la chaire, « que vos passions
soient le thème de vos vertus ». Etes-vous lascif,
détestez le déplaisir dans autrui et légitimez vos
voluptés, en évitant toute peine à autrui? Etes-
vous orgueilleux, n'humiliez personne? Etes-vous
violent, supportez en retour l'humeur de vos intimes? Etes-vous paresseux, ne demandez pas ce
que vous refusez de fournir : et enfin, tolérez chez
les autres ce que vous gardez en vous-même et
offrez à chaque rencontre la même indulgence
dont vous avez besoin.

On n'aime point sans offenser l'Aimé, malgré soi,
et autant par des paroles que par le silence et par
ce que l'on fait et qu'il ne veut point, et par ce que
l'on omet et qu'il désire.

Rien n'est indifférent dans la passion ; on jouit
d'une nuance, on souffre de moins encore.

La jalousie pardessus les autres sentiments en-
fante la méchanceté et le crime: il n'y a pas d'amour
sans elle, elle en forme le revers. Aux violences
qu'elle inspire, on juge de sa force.

Le mouvement d'orgueil offensé ne mérite pas
l'indulgence qu'il trouve. Si Othello ne se faisait pas
justice, comme disent les communiqués de la pré-
fecture, il faudrait l'abattre à l'égal d'un chien enragé. Pas un spectateur qui n'approuve la ven-

geance de Don José : Carmen expie. Quoi? Le déserteur devenu contrebandier a perdu le salut de son âme, sa mère est morte sans lui : soit !

La cigarière n'a point démenti sa nature.

On fait d'une soubrette une marquise mais non d'une fille une honnête femme ; et un honnête homme ne doit aimer que dans son monde… moral. La vertu et le vice sont des vocations et non des conséquences d'une volonté, droite ou perverse. Une femme née pour la dignité ne deviendra pas une courtisane, le voudrait elle : ses nerfs s'y opposent. La plupart des êtres ne sont ni des élus, ni des damnés ; les penchants irrésistibles sont rares ; et la destinée décide, pour les natures flottantes et sujettes des circonstances.

La vie est sacrée par dessus tout, même par dessus l'amour. Un auteur dramatique, qui se crut moraliste, prétendit qu'à un certain degré d'indignité de l'épouse, l'époux peut la tuer : prétention exhorbitante.

Qui attente à la vie mérite la mort, que l'attentat naisse d'un dépit passionnel où d'une avidité quelconque.

Après le meurtre il n'y a pas de plus grand crime que la cruauté. L'Areopage condamna à mort un enfant qui crevait les yeux aux cailles.

Les Slaves sont encore des barbares, à n'écouter qu'un de leurs proverbes : « Je te bats comme ma fourrure et je t'aime comme mon âme ».

Si l'opinion était conduite par des hommes con-
cients et zélés, la brutalité diminuerait dans le
peuple; si le mari qui bat sa femme était hué dans
la rue, condamné par les tribunaux, il y aurait
soudain une paix singulière.

Malheureusement, la comédie démoralisatrice
nous fait rire du couple Sganarelle; et la pièce moderne ne décerne que des prix de malice et
d'égoïsme.

Des droits de l'amour, les lyres vibrent; des
devoirs, nul n'en parle! l'amour va comme il
veut.

Le premier état de la charité, c'est la bonne volonté.

Vouloir du bien à quelqu'un, présente un sens
défini, qui englobe sa personne et sa destinée, ses
besoins et ses plaisirs. En l'espèce, aimer c'est
vouloir de la volupté, comme de la paix, du rêve
comme du secours, à quelqu'un.

L'Amour défini par Chamfort « l'échange de
deux fantaisies et le contact de deux épidermes »
équivaut à la peinture « art de représenter les objets en relief sur une surface plane ». C'est vrai,
d'une vérité si basse! Beethoven a besoin, de
boyaux de chat et de crins de cheval pour s'exprimer.

Cette fantaisie, en s'élevant et s'intensifiant, s'appelle le désir et le contact d'épiderme sert à l'union
des âmes.

Il y a des rencontres bestiales, d'autres vaines. Il y a des rencontres séraphiques ou simplement nobles.

La fantaisie brille dans Roméo, lorsqu'il parle de Rosalinde ; lorsqu'il a vu Juliette il aime, comme il est aimé. La spontanéité invraisemblable de cette passion a un sens extrêmement profond ; ni cour, ni soins, ni épreuves, ni conquête.

Le couple se forme de la rencontre même, sans une hésitation et sans progression.

Délicieuse irréalité ! La vie ne s'accommode guère de ces floraisons merveilleuses.

Sauf, peut-être, dans une passion d'automne où deux êtres las, expérients et réfléchis, comme Michel Ange et Vittoria Colonna s'aiment avec sagesse ; la charité ne peut être que le papillon qui sort de la chrysalide amoureuse, elle n'apparaît qu'après que la passion a cessé de flamber, dans ce silence qui suit l'ivresse et où l'esprit lève, en souriant, le linceul du plaisir. Car le grand Musset n'a tant pleuré que de l'imperfection de ses amours.

Par charité, il ne suffit pas d'entendre cette indulgence, souvent faite d'une lâche paresse qui s'accommode de tout, par désir de la paix ; ni cette sévérité, souvent faite d'un penchant tyrannique, qui profite de la passion pour s'affirmer.

La charité ne se définit pas : elle est ineffable

par essence : c'est un point de sentiment surélevé où la clairvoyance l'emporte sur la fièvre, où on se penche sur un être, avec un cœur fraternel plutôt que passionné.

Etre bon n'implique pas non plus la charité : ce n'en est que l'acte ; l'esprit réside plus haut.

L'idée de désintéressement contredit à celle d'amour. « Faites à l'aimé, comme vous voudriez qu'il vous fut fait » j'ajouterai « si vous vouliez qu'il vous fut fait le plus grand bien, dans un sens éternel ».

Il n'est pas possible que le grand nombre aborde jamais à cette rive fortunée où la passion ouvre des ailes d'ange ; parce que le grand nombre paye, à la Nécessité ou à la Vanité, un impôt de toutes les heures.

Seuls les êtres, relevés par le destin du fardeau matériel, en résistant à l'opinion, peuvent s'engager dans cette voie d'élection où se font les chefs-d'œuvre de l'amour.

Si la Providence leur permet de tenter ce grand œuvre, elle ne leur pardonnera pas de l'avoir refusé. La faculté oblige ; et ce que la Norme nous permet, il faut entendre qu'elle nous l'ordonne, sous les peines terribles du devenir. Le plaisir qu'on donne vaut mieux que celui qu'on reçoit : des gens qui ne sont point exceptionnels l'ont éprouvé.

On peut arriver à regarder le bonheur du cher autrui, comme la plus passionnante des œuvres, en devenir l'artiste : et comme la loi du couple est la réversibilité, tout ce qu'on crée de paix, de joie et de beauté, dans autrui, vous est rendu par un mouvement presque automatique de la personnalité.

II

DE LA BONNE VOLONTÉ

*La Création est une symphonie ou chacun doit
faire sa partie parfaitement. Malheur à celui
qui apporte une dissonnance dans l'oratorio de
la vie ; il sera rejeté par l'éternelle harmonie.
L'initiation ne nous apprend ni l'art ni la
virtuosité, elle nous indique seulement notre
partie, notre pupitre. Le salut. C'est cela !*

Idéaliser le matériel, matérialiser l'idéal, — ou
mieux — spiritualiser la sensation, sentimentaliser
l'idée — c'est le même effort dans des sens différents.

Un baiser pris à la rencontre, sans cristallisation
imaginative, qui a la saveur d'un fruit frais et par-
fumé, un baiser plein de jeunesse mais impersonnel, que représente-t-il ? Une satisfaction de la
gourmandise, analogue chez l'homme à ce qu'est
pour l'enfant le morceau de sucre, la dragée de
l'adulte.

Le baiser d'une personne élue représente la prodigieuse résolution d'un immense accord de sen-

timents et de pensées ; il matérialise de l'idéal et dès lors il idéalise de la caresse.

Je voudrais exprimer avec précision l'identité de ces deux étonnantes entreprises. Comment spiritualiser la sensation, sans matérialiser l'idéal ? Ou le baiser sera seulement sensuel ou il empruntera à l'âme et à l'esprit? Ou l'âme et l'esprit se lasseront en longs désirs, en excitations énervantes ou l'état de tension intérieure se résoudra par la volupté.

Le Réalisme ne vaut pas mieux dans l'amour que dans l'art.

L'imitation de la nature, sur le plan érotique devient l'imitation de la Bête.

Elle a nos passions, sauf la Charité ; elle a nos facultés, sauf l'abstraction.

L'âme appartient à la religion, l'esprit à la philosophie, quoique le sacerdoce prétende à la domination spirituelle et que la philosophie veuille décider de la morale. La Foi, l'Espérance et la Charité seraient proposables à tous, si elles n'étaient des opérations du monde affectif : et de quelle persuasion dispose la philosophie ? Elle opère par logique, selon l'expérience.

La religion apprend à aimer, et la sagesse à vivre : sont-elles de force à s'opposer à l'égoïsme du désir et au vertige qui l'agite ?

Rendre justice, payer ce qui est dû, reconnaître le mérite, rentre dans l'office de la seconde vertu cardinale.

La Charité ne commence qu'à la miséricorde, à la gratification.

Apprends qu'il faut aimer, sans faire la grimace
Le pauvre, le méchant, le tortu, l'hébété
Pour que tu puisses faire à Jésus, quand il passe
Un manteau triomphal avec ta charité.

La Charité, en amour, sera donc de ne pas faire la grimace aux imperfections morales, voire aux difformités, de pardonner à autrui les déceptions qu'il nous donne. Ce sera un bon pas : un autre reste à faire.

Supporter la laideur morale déterminerait une espèce d'aveuglement, si on ne s'efforçait pas de la corriger, non à la manière de l'ange baudelairien, mais suivant le rite passionnel, le rite du feu.

Il n'y a point de changements que la passion n'amène : et n'en déplaise aux gens trop graves, un simple conte de Perrault contient tout mon chapitre et la plus explicite des méthodes du bien aimer. Il était une fois un fils de reine si laid et si mal fait, mais il avait beaucoup d'esprit ; et en même temps, il était une fille de reine la plus belle du monde mais la plus stupide. Chacun avait le don de communiquer sa qualité à l'être aimé et Riquet à la Houppe ayant aimé la princesse stupide, il la rendit spirituelle dès l'instant où elle aima Riquet, qui devint beau à ses yeux.

Aucune dissertation n'expliquerait mieux le rôle transcendental de l'amour, qui est de prendre les qualités d'autrui et de lui donner les siennes, sans parler d'autres qualités qui naissent de l'union des âmes et qui en sont les fruits véritables.

On a souvent dit que l'Amour valait toutes les muses et qu'il inspirait mieux qu'elles : il serait plus vrai de voir dans les neuf sœurs autant d'aspects de l'Eros, mais les effets passionnels dépassent ceux de l'inspiration. Wagner n'a pas de croix sur sa tombe, malgré que Parsifal soit son testament. L'idée ne modifie pas l'individu, si elle ne s'échauffe pas au foyer affectif ; et la seule chance que nous ayons de progresser se trouve dans l'orientation de nos désirs.

Il y a quelque vanité dans la contemplation la plus sublime, celle-là même de notre nature, qui perd aisément le bon jugement et s'exalte jusqu'à l'erreur. On le voit au cours de l'histoire, dans les personnages qui croient posséder la vérité et qui la promulguent, par le fer et le feu.

L'amour de Dieu a durci des cœurs jusqu'à l'implacabilité : et la foi ne peut cacher à nos yeux les auto-da-fés. Nos passions ne cessent pas de grouiller, parce que leur objet s'élève : consacrées à Dieu elles menacent encore. L'obstacle, irrite même le saint, agissant pour Dieu. La volonté est une arme redoutable ; il faut qu'elle soit bonne, c'est-à-dire, guidée et inspirée par la bonté.

«Qui est bon ? » demande Parsifal à Gurnemanz. L'ingénu fait la même interrogation que Pilate le sceptique demandant à Jésus : « Qu'est-ce que la vérité ? » Et Jésus ne répond pas à ce fonctionnaire beaucoup plus intelligent que les autres personnages de la Passion, parce que aucune réponse ne satisferait un esprit blasé sur les formules philosophiques.

Hérode dédaigne Jésus : Pilate, par trois fois essaye de le sauver. Les prêtres ou la plèbe inspirée par les prêtres, hurle le « crucifige » au nom du Lévitique et les Juifs enfin menacent le fonctionnaire de le dénoncer à Rome ; ils sont loyalistes, ils n'ont d'autre roi que César.

Il n'y a pas dans toute l'histoire, un fait plus décisif que la condamnation de Jésus et la mise en liberté de Barrabas, comme exemple de la volonté aveugle.

Pour un fanatique, le criminel de droit commun n'est qu'un chétif pécheur, auprès du contradicteur religieux et le meurtre devient véniel, en face du blasphème.

On peut vivre en paix avec Hérode et Pilate, ce sont des civilisés, des hommes qui ne voient pas la vérité, mais qui restent modérés dans l'erreur. Les Juifs sont des bêtes féroces, ils croient posséder la vérité et enivrés de cette idée, ils extermineraient l'espèce humaine, pour réjouir le cœur d'Iaveh, qu'ils conçoivent à l'image du leur.

La vérité c'est la charité, c'est-à-dire l'identification avec autrui. « Tout comprendre c'est tout pardonner » proposition dangereuse : « Tout comprendre c'est tout plaindre ».

Car c'est vraiment, Seigneur, le meilleur témoignage
Que nous puissions donner de notre dignité,
Que cet ardent sanglot qui roule, d'âge en âge,
Et vient mourir au bord de votre éternité.

Quand une vieille femme, qui fut belle, se trouve amené à d'intimes confidences et qu'elle explique une faiblesse par ces simples mots : « Je me laissai apitoyer, je cédai par bonté, par ennui de voir souffrir. » On reste sceptique : on a tort.

C'est une détresse que le désir arrivé à une certaine intensité : l'être n'a plus son centre en lui-même, il projette toute sa personnalité vers l'objet aimé, il perd de vue les bienséances et les conséquences ; et si le diable des contes lui demandait son âme pour la sactisfaction d'une heure, il la donnerait sans hésiter, il vendrait son éternité pour quelques minutes conformes à son désir.

Les époques avides de joie ont coiffé l'amour du bonnet tintinnabulant de la folie, ils l'ont fait enfant, presque poupon, et rose et rieur pour ne pas voir son caractère sphingien et terrible. Au xviiie siècle, on a baptisé la chimère avec la mousse du vin de champagne, on l'a couronnée de roses.

Au réveil de cette profanation téméraire, la guillotine se dressait à l'horizon ; la société, la plus polie
qui fut jamais, allât à la boucherie révolutionnaire
comme un troupeau de moutons à l'abattoir. Elle
avait vulgarisé l'amour, on vulgarisa la mort à son
détriment : elle fut décimée stupidement comme
elle avait dispersé tous les attributs solennels de
la passion : ceux qui avaient oublié la science de
l'amour, ne surent plus celle de la vie.

La conception passionnelle décide des autres
idées : pour l'homme, pour la secte, pour l'époque,
cette conception n'est point surveillée, ni réformée,
dans l'éducation. La foi comme la morale se
bornent à des prohibitions comminatoires. L'art
lui-même se plait aux faiblesses, aux lâchetés de
la passion, au lieu d'en célébrer la force et la magnanimité.

On trouve toujours des complices pour descendre ; il en faut pour monter. Abdiquer son
humeur et son honneur même, devant une fantaisie, voilà ce qui paraît le trait suprême de la passion aux contemporains ; ils conçoivent l'amour
comme un désordre, au lieu qu'il doit être une
harmonie profonde et maintenue où la volupté
tient un rôle modératif.

Soyons sincères. La perfection que nous cherchons, nous ne la méritons pas : la perfection que
nous pouvons créer, au contraire, nous revient de
plein droit.

La chair procure la volupté, même si la beauté manque : la bonne volonté suffit à entretenir l'amour, même si la magnanimité fait défaut.

C'est étrange que nous voulions mêler, par vanité le principe esthétique à l'érotique et qu'il nous faille penser à l'opinion de la masse, pour oser être heureux.

Si je ne craignais d'emprunter à la politique un vocable, je dirais que l'amour est avant tout propriétiste ; il met son scel, il impose ses couleurs et l'être ainsi marqué devient incomparable.

Que m'importent toutes les gorges rondes, fermes et vierges de la Circassie : le sein le plus aimable est celui qui s'agite à ma seule pensée. Toute autre conception manque de fierté.

Un être n'a jamais qu'une qualité décisive : c'est d'être nôtre, par les sens, par le cœur et par l'esprit.

La Bonne Volonté est une espèce de souplesse morale qui nous dispose à faire ce que la vie demande, comme si nous le voulions ; en mystique cela s'appelle conformité à la volonté de Dieu ; sur un autre terrain, conformité à la Nécessité ; en amour, conformité à l'humeur.

Le lecteur se souvient des heureuses résistances qui l'ont sauvé, quand on pesait sur lui de façon perverse ou absurde : mais, qu'il n'oublie pas que j'envisage un couple où la bonne volonté est mutuelle, où on s'applique à bien s'aimer, où l'un ne poursuit pas un différent but que l'autre.

Aux cas ordinaires, l'homme, qui commence à aimer, s'inquiète de la rupture et la femme aussi : le premier garde l'arrière pensée de fuir lorsqu'il sera satisfait et le second porte le souci de retenir le volage. La contradiction des intérêts abolit la passion, qui passe de la communion au combat, au duel intime. Comment les idées de lutte, de victoire et défaite se trouvent-elles associées à l'idée d'amour ?

Shakespeare, qui était plus vif et profond en amitié qu'en amour, et à qui on reproche d'avoir un type unique, pour ses amantes, un véritable poncif, se trouve par cela même, plus que tout autre, le peintre de l'amour idéal. Le soupirant, poursuivant, implorant de nos anciens romans, qui s'ankylose les genoux jusqu'au moment où il peut sauter sur sa proie, qui plaide, qui ruse, qui cherche à étourdir et à renverser, offre une image odieuse, compliquée de réticences, de marchandage tels que l'honneur reste en une perpétuelle gêne. Il faut que la femme tombe, cède pour que l'homme soit glorieux et heureux : insupportable bassesse que cette conception !

Que l'amour ait au moins les mœurs de l'amitié ! Plus de dupe ni dupeur, qu'on en finisse avec l'audace de l'homme et la faiblesse de la femme, que nul ne se propose un plaisir qui soit la douleur d'autrui. La résistance systématique devant l'imploration de l'homme est un reste de la barbarie primitive et fait honte aux civilisés ; comme l'audace de l'homme, devant l'appréhension de la femme. Détestable baiser que celui ou les deux bouches ne s'unissent pas, d'un même mouvement.

Les Anges eux-mêmes nous l'ont dit : la paix est au prix de la bonne volonté ; les malheurs de la passion naissent du mauvais vouloir.

Entraîner un être hors de son intérêt, ce n'est point l'aimer : le désir n'excuse pas la perverse intention : et l'amour doit aboutir au bien commun. De telles considérations ne flattent point l'imagination ; elles semblent morales et banales, comme les exhortations du clerc : et cependant elles tirent leur principe de l'Erotique.

La proportion des membres sera la première préoccupation de l'artiste ; avant d'exprimer sa vision intérieure, il s'appliquera à satisfaire certaines lois de l'art ; et on se figure que l'amour peut se passer à la fois de science et de conscience et qu'on fait du bonheur, en dehors des règles ! Eh non ! Il y a un art d'aimer et ce n'est pas celui d'Ovide, ni de Gentil Bernard.

« Loin d'ici, bandelettes légères, insignes de la pudeur et vous robes traînantes, qui cachez à demi les pieds des matrones, je chante des plaisirs sans danger et des larcins permis. »

Des plaisirs sans danger, quelle inexpérience, des larcins permis, quelle tautologie !

III

DE LA DESTINÉE

OEdipe ne pouvait percer le mystère de sa des-
tinée, malgré son génie.
Mais il se perdit pour n'avoir pas deviné le
mystère de son humeur. Moins irascible, il
fut resté pur.

Aut invenit aut pares facit Amor. Cela doit s'entendre des destinées et non des personnes.

Les familles ne se trompent pas, en répugnant
aux mésalliances, aux acoquinements : mais elles
voient l'égalité, sous forme de piles d'écus équiva-
lentes.

Appliqués à la vie individuelle, les principes
que Fabre d'Olivet attribue à l'évolution de l'humanité, donnent ce théorème :

La volonté d'Amour doit s'harmoniser avec la
Providence pour résoudre l'antinomie de la Nécessité et du Destin.

La volonté c'est le désir : il le faut harmonique,
conforme à la loi éternelle qui régit l'homme et le
monde.

Il y a trois termes dans l'Anankè antique :

La Nécessité ou norme sérielle, les lois physiologiques par rapport au tempérament : comprises entre la naissance et la mort, elles régissent les âges, déterminent l'instinct.

Le Destin ou norme sociale, englobe les influences formatrices, celles de l'atavisme et les autres de l'éducation et du milieu.

La Providence ou norme supérieure représente la loi créatrice, qui relie les mondes, les êtres, les âmes, sur le plan de la justice incréée.

Ainsi, la volonté de l'homme se trouve en présence d'une triple volonté élémentaire, collective et divine ; et pour que sa volonté se réalise, il faut que ces trois volontés s'associent à la sienne.

La Nécessité pousse, le Destin entraîne et la Providence décide.

Ce que nous nommons la Science, enseigne le déterminisme phénoménal et les conditions vitales de notre espèce : plus grande sera l'expérience et plus forte la faculté d'observation, mieux on commandera à la nécessité toujours obscure ; le Destin se modifie sans cesse, par le jeu des influences qui agissent sur nous. Notre meilleur espoir réside dans la sagesse, qui recherche la loi divine, pour s'y conformer.

Si le sage se trouvait à l'abri du malheur, ce monde serait le théâtre de la justice. Mais la Providence ressemble au Soleil qui libéralement distribue la lumière et la chaleur, cependant que ses rayons peuvent être arrêtés par le moindre obstacle.

Alexandre triomphant, meurt à 33 ans, d'une mauvaise digestion, Raphaël périt pour avoir respiré les miasmes exhalés par des fouilles récentes Dans ces deux cas, la Providence ou loi supérieure laisse la place à la Nécessité ou fatalité organique.

Qu'on songe aux accidents stupides mais décisifs qui surgissent dans la vie la plus simple, en arrêtent ou en changent le cours ; on voit que notre prudence sans cesse débordée ne saurait faire face aux menaces de la vie.

Voilà pourquoi, le problème de la destinée se trouve identifié à celui de l'amour. De deux destins associés naît un troisième, abolissant ou contrariant les deux autres.

S'aimer, n'est pas penser avec délices à un rendez-vous, s'y enchanter et s'en souvenir, c'est subordonner ses jours comme ses nuits à un être cher, vivre ou vouloir vivre de sa vie.

L'amour réduit à des moments périodiques, flatte singulièrement l'esprit d'indépendance. Ces heures brèves se trouvent plus pleines de désir que celles de la constante intimité ; mais si le sort impose ces conditions, il ne faut pas que la volonté les accepte volontiers, sinon il y aura plus d'amour goût que d'amour véritable et on ne devra se promettre aucun fruit idéal de l'aventure.

L'amour n'a pas pour but notre plaisir. L'amour n'est lui-même que le moyen d'un autre but : notre évolution par autrui.

Faut-il rappeler cette doctrine, la plus vieille du monde qui conçoit la vie, comme une suite d'existences et dont la religion occidentale nous indique deux états futurs, l'état de purgatoire et le paradisiaque.

Quittons-nous cette terre, à l'état pur ?

Pour la plupart, la réponse sera négative.

D'autres épreuves nous attendent alors, aussi fatales que celles subies ici-bas. Certains anticipent sur le devenir : on dit, d'un malheureux, qu'il fait son purgatoire en ce monde : ou d'un être très subtil qu'il n'appartient pas à cette terre : et on dit bien. La souffrance et le développement intellectuel constituent des avances d'hoirie éternelle. Mais l'énigme de cette vie, c'est bien l'amour et le mot de cette énigme c'est la charité.

Nous devons être l'ange d'un être, de l'être que nous aurons choisi ou qui nous a choisi.

Parsifal reconcilie Monsalvat avec le ciel, la marque de sa mission sera la conversion de Kundry ; et s'il ne la sauvait pas, il ne serait pas le héros de charité.

Le baiser du château enchanté l'a fiancé, selon la pitié, et la pécheresse devient sa Dame, comme la pauvreté fut celle de saint-François.

Au commun de l'intimité, ces idées semblent des

rêves, car notre humeur et les petitesses de l'existence nous masquent la splendeur de ces grands
vœux : cependant l'initiation consiste moins à
s'exalter quelquefois, qu'à mêler à sa vie cou-
tumière l'idéalité. Rien ne rencontre de telles
difficultés ; rien non plus n'engendre de si nobles
conséquences. Cette grâce que certaines femmes
manifestent même dans leurs mouvements les plus
quelconques, il s'agit de la mêler à nos pensées et
à ses manifestations. Il existe une onction amoureuse comme sacerdotale, qui vaporise de la sua-
vité et parfume l'ambiance.

La première contradiction que l'amour éprouve,
vient de l'ambition, passion forte, aux émotions
profondes, où l'orgueil se déploie incomparable-
ment, jusqu'au jour où on découvre qu'elle demande
tout son heur au collectif, plus indistinct que le
sable que déplace le vent.

Il y a de grandes choses dans celles qui touchent
au bien public : mais qui saura les accomplir n'en
tirera aucune récompense.

La pire des vanités est le succès, en art comme
en politique ; on le ramasse, et même si on ne se
salit, on s'est courbé. Mais l'insuccès est une bles-
sure ; et dans l'ordre de l'œuvre comme dans celui
des actions, on reste diminué, même si on guérit.

Il ne faut rien se proposer qui soit hors de portée
et mesurer ses vœux sur ses forces.

Mieux vaudrait même ne pas tendre l'arc aussi

fortement qu'on le peut. Le jeune peintre ne rêve que grandes toiles ; et par un étrange respect humain nous n'osons pas modérer nos pensées, de peur de nous rapetisser ; et le destin se charge du « hola ».

Pour prendre une image à la réalité, nous tendons trop de toile au souffle de la vie ; et la moindre bourrasque met notre nef en péril ; dans l'Amour aussi nous rêvons trop de toison d'or et d'Argonautide. Vivre en profondeur et en secret, au lieu de vivre en surface et en façade : aimer sans prendre à témoin ni son milieu, ni son temps, au lieu de vouloir tirer vanité de notre choix : telles sont les conditions premières de la vraie passion.

Le ver de terre amoureux d'une étoile donne une image touchante et absurde, quoique elle ne figure que de la distance sociale : il faudra donc que l'étoile tombe, car le ver ne montera pas jusqu'à elle. Ruy Blas, faux comme tous les personnages d'Hugo ne serait admissible que né ambitieux ; alors, Marie de Neubourg serait la Dame de ses pensées : mais la passion n'a jamais tiré d'un homme que ce qu'il contenait nativement, tandis que la femme, en sa plasticité étonnante, peut passer du boudoir à la sierra du brigand et de la chaumière au palais.

En amour, c'est l'homme qui détermine le plan du couple. Une princesse Lichtenstein reveillera chez Litz le compositeur de génie, étouffé par le virtuose célèbre, mais elle ne créera pas cette faculté.

Ceux qui croient à la naissance, comme démarcation sont des enfants, dupés par des images historiques. Un être ne vaut que par ses facultés et leur adaptation au temps ou à l'idéal ou à autrui.

Le Don José de Carmen ne s'adaptera pas à la cigarière, ni à la vie de contrebandier ; aucun spectateur n'en doute, dès les premières scènes.

Il existe des êtres qui incarnent vraiment pour d'autres, la fatalité. Pourquoi sommes-nous ainsi fascinés par des monstres ? Ne sentons-nous pas, dans leur baiser le poison, qu'ils versent ?

Nous pourrions reconnaître le danger, à un symptôme, la force du vertige qu'il détermine.

Les attractions vraiment nobles, si ignées soient-elles, affectent les formes saines, sages, harmonieuses, d'une belle et brillante flamme et de feu sans fumée. Car le fruit de l'amour est la paix, qui résulte de l'union.

Unir deux chairs, deux âmes, deux esprits, ce n'est pas tout le problème. Il faut encore unir deux destinées. Les Grecs que nous prenons pour des conteurs, alors qu'ils cachent, sous des traits pathétiques, la stricte expérience, nous montrent le malheur immanent, dans les amours qui réunissent le mortel à l'immortel. Adonis meurt de l'amour de Kypris comme Sémélé du baiser de Zeus et le

chœur des océanides, il y a vingt-cinq siècles,
s'écriait :

Moires, O Rectrices, ne me voyez jamais
Mettre le pied au lit de Zeus, pour dormir avec lui,
Ne souhaitons pas l'amour des Olympiens.
Que leur fatal regard ne s'arrête jamais sur moi.
Nulle défense contre eux, et dans la complaisance nulle sécurité

Le lecteur hésiterait-il sur l'identification positive des Olympiens ? Ce sont ceux qui présentent
un destin historique, artistique, ambitieux ou
chimériste, et chez qui l'amour reste subordonné à
d'autres passions.

Est à ce dire que les plus qualifiés des êtres n'aiment pas et qu'il faut fuir quiconque porte la
marque de la supériorité ? C'est-à-dire que pour
eux, les maximes les plus sages ne servent à rien,
puisqu'ils ont leur destin, sur un plan individuel.

Le génie isole l'individu de toute espèce : une
Norme spéciale le régit.

Plusieurs femmes s'écrieront qu'elles préfèrent
ce noble risque à une sécurité sans grandeur; et je
les salue de mon respect.

Mais nul n'est génie avant sa mort. Un vivant ne
prétend qu'au succès et nous sommes convenus
que le succès est plutôt une présomption d'infériorité, puisque le grand nombre le décerne.

Aimer, au noble sens du mot, ce n'est pas l'échange de deux fantaisies : c'est celui de deux destinées ; et cette pensée rendrait tremblant le plus hardi.

Aimer, c'est accepter un être pour limite : il y a de quoi faire reculer un héros. Mais l'être qu'on accepte tel, doit se modifier.

Le couple qui se trouverait identique, après des années, n'aurait tiré aucun profit de sa communion. D'action en réaction, deux amants se modèlent l'un l'autre, et comme ils arrivent à se ressembler d'aspect fort souvent, quelque chose de l'âme passe de l'un à l'autre. Ce passage est le plus étonnant sujet offert à nos réflexions.

Il y a une destinée pour chacun et le fatalisme ne ment pas : le petit caillou dans la vessie de Cromwell, l'humeur dans l'esprit d'Œdipe sont des fatalités. On se trompe, en la découvrant dans les événements, elle est en nous, elle est nous-même.

Nos limites ne sont ni les circonstances, ni autrui ; je les dirais internes, pour marquer l'erreur orientale.

La liberté de l'homme tient toute dans la faculté d'évoluer : et qu'on l'entende bien, la personnalité ne s'affirme que par son mouvement. Se mouvoir dans le temps c'est évoluer, comme la nature dont nous subissons les saisons, comme la lumière dont nous suivons les accidents.

La graine et le fruit sont identiques en essence : et cependant l'arbre, qui nous couvre de ses feuilles et qui nous rassasie de ses fruits, a été d'abord la plus petite des choses dans notre main. Notre désir suit le même cours : ce n'est d'abord qu'un mince objet que la minute peut emporter comme la brise entraîne un germe : mais la croissance heureuse le mène à un point quasi prodigieux.

Deux vies pour une seule destinée ; redoutable problème qui cependant se résout par d'honnêtes résultats.

Souvent l'union apaise le désir, l'endort même et une paix négative s'établit. Ce n'est point un mal.

Que nul ne s'exalte, par imitation et vaine gloire, à l'intempérance passionnelle et ne se force à désirer plus qu'il a besoin. *Non licet omnibus adire Corinthum.*

L'amour, n'est pas la vocation de tous ; et là les fausses vocations sont punies.

IV

DE L'INVOLUTION

> *La vie n'est qu'une incessante métamorphose*
> *pour la perfection de la personnalité.*
> *Ver, chrysalide, papillon ; sensation, émotion,*
> *intellection.*
> *Le flot n'a-t-il pas un mouvement à triple*
> *effet : ainsi, de l'homme.*

« L'esprit jette du lest pour monter ; il en prend pour descendre » vénérable formule léguée par l'Orient, qui voyait dans la vie, un double mouvement d'incarnation et de spiritualisation.

L'âme s'involue dans la matière : nous appelons ce phénomène, la naissance ; elle évolue vers l'au-delà et nous appelons ce phénomène, la mort. Ce sont nos deux certitudes : nous sommes nés, nous mourrons : entre la naissance et la mort, nous aimons Dieu, les plaisirs, les biens? Non, nous-même.

Nous nous aimons. Voilà le point décisif de tout mon discours, et il n'est pas en mon pouvoir de donner du relief et de la couleur à ces trois mots, trop simples pour frapper l'attention du lecteur et qui contiennent cependant le mystère de l'humanité.

Comment supporterions-nous les renaissants besoins de l'organisme et ses maladies, les contradictions sans nombre qu'éprouve notre sensibilité; l'injustice comme unique existence de la société et ce qu'énumère Hamlet en sa célèbre tirade, si l'amour de nous-même ne nous insuflait la force de lutter contre la mort, contre les éléments, contre l'humanité.

Ce n'est pas l'ombre épaisse à l'extrême bord de la vie qui nous effare, mais les transes que nous éprouvons pour notre personnalité, qui a tant coûté à défendre.

Si nous remplaçons l'idée obscure d'Amour par celle précise du Désir, aussitôt le secret de l'involution et de l'évolution se révèle.

Dans la sensualité, nous involuons, puisque nous cherchons notre confirmation aux réactions physiques ; dans l'idéalité nous évoluons, car nous poursuivons notre complément, par des réactions spirituelles.

L'ivrogne, type de l'involutif, demande à un agent matériel une modification actuelle de son être.

Le pénitent, au contraire, type de l'évolué, cherche par l'abstinence, l'exaltation de sa mentalité.

Les réactions étant proportionnelles aux actions

l'ivrogne, au lendemain de sa beuverie tombe au-dessous de lui-même ; le pénitent s'élève au-dessus.

Le Désir sexuel comporte un rhytme harmonique, par la force résolutive de la volupté.

L'homme se désire lui-même ; il se satisfait par des éléments étrangers, des extériorisations, des actions qui le mêlent à la nature et à l'humanité.

Notre esprit opère par dualisme. Les idées vont par paire ; et aucune conception ne nous est possible que par opposition, comme une forme ne nous est perceptible, que par le jeu de la lumière et de l'ombre.

La Genèse dont on a fait, bien à tort, un livre historique, retrouve une valeur inestimable au sens allégorique. On voit l'homme donner des noms aux bêtes, c'est-à-dire observer les degrés relatifs de la vie : mais l'homme à ce moment est unique dans la création, et il ne se comprend pas : isolé entre le Créateur et la nature, tout lui semble obscur et inconceptible. Dieu alors arrête un moment la vie sensible du premier homme Aïsch ; il tire de lui la femme Aïscha ; ce dédoublement était nécessaire à l'évolution. Il l'est encore, il le sera toujours.

Les livres sacrés, loin d'être de vaines ou rieuses narrations, expriment l'état permanent de l'espèce.

Saint Jérôme lui-même dit : *ædificavit in mulie-*

rem costam quam tulerat de Adam. Il édifia, en femme, la côte prise à Adam et la Vulgate traduit Aïscha femme de Aïsch par virago (faite d'homme).

Remarquez aussi que la nudité se trouve étroitement liée à l'innocence et au bonheur.

Le premier couple n'est vêtu qu'après sa faute, l'amour apporte l'occasion de se dévêtir.

Il n'existe pas de plus grande joie pour les yeux que la nudité ; et l'âme y prend un plaisir noble puisqu'elle y voit le reflet de sa puissance ; l'esprit lui-même y trouve des motifs délicieux de spéculation.

Ce que les clercs ont écrit là-dessus ne mérite pas qu'on s'y arrête. La Pudeur est le devoir qu'impose l'amour à tout être qui veut s'en rendre digne ; la pudeur est la lampe pleine d'huile de la vierge sage : mais cette vertu n'a d'autre raison, d'être sacrifiée, au jour où l'on aime.

La concupiscence, penchant involutif, nous représente le plaisir de posséder un être désiré. Si le désir se borne à la contemplation et à la caresse, il est imparfait. Car la volupté n'est pas un but, mais un moyen, de matérialiser le sentiment et de le faire passer de jouissance en acte. Si le désir sensuel inspiré par un désir moral ne tend pas à la pacification de l'esprit, il n'atteint point à son apogée, qui est la triple harmonisation de ; trois personnalités de l'homme.

Donc, le prodigieux mécanisme du désir, pour un terme d'involution en possède deux propres à évoluer.

La vie, recommencement perpétuel, chaque jour nous éveille pour nous endormir ensuite ; l'amour sera un continuel passage du thème de la volonté sur l'une ou l'autre des trois portées de l'harmonie humaine ; l'idée s'involuera en sentiment, et aboutira à la caresse où celle-là déterminera des idées.

Par la possession érotique, chacun s'involue dans l'autre. Si le mouvement involutif se prolonge, la loi physique prédomine et l'excès de matérialisation produit une gangue qui va s'épaississant et paralysant les éléments supérieurs de l'être et l'abêtissent fatalement.

Les théologiens ne se trompent pas sur le danger de la luxure proprement dite : leur erreur est de ne pas distinguer entre l'amour et la concupiscence. Tout le monde connaît des hommes que la débauche a perdus. Qui citera des amants ou des époux abrutis par la possession ? Une sorte de tempérance s'établit entre deux êtres fidèles l'un à l'autre : la paix érotique habite bientôt avec eux.

L'idéal, étant la rencontre bénie de Roméo et Juliette, à leur puberté ; ce qui viendra plus tard, toutes les Rosalindes, qui se succéderont, seront aussi de moindres fortunes : et ce serait feindre une ridicule ingénuité que de supposer fréquente la puissante patience qui repousse les accommodements.

Ah ! Si on pouvait dire : « Attends l'élue : tôt ou tard, elle viendra ! » Ce serait une imposture, il y a des existences où le véritable amour manque, autant que la santé, la fortune, la gloire ! La seule prudence qui soit en notre pouvoir, c'est une préparation aussi parfaite que possible à l'amour, si cet oiseau bleu vient à se poser sur notre cœur.

Faut-il diviser les hommes en deux séries, l'une à l'état de chute, l'autre à celui d'élévation ? La terre serait-elle pour les uns une involution, une évolution pour les autres ? Notre espèce enfin se composerait-elle d'anges déchus ou d'inférieurs évolués ? Le débat dépasse les limites du cadre.

Tout être est de la sphère de ses œuvres ; et un Platon, un Léonard, un Wagner mérite pluiôt le nom de démon que celui d'homme.

Le mystique évolue, il s'oriente sur le plus haut idéal, comme l'artiste : mais qui se flatterait d'écrire pour les mystiques et les vrais artistes, si peu nombreux et à qui l'inspiration tient lieu de culture.

L'involution passionnelle est le phénomène général. Aimer un élu sexuellement c'est s'enrouler autour de lui.

Le vieil Hésiode fait l'amour contemporain du

chaos : ce fut donc l'attraction qui produisit l'harmonie primitive.

L'involution a le même sens que l'effort, que
l'homme redoute, avec raison car ses forces sont
limitées et ses risques sans borne.

Si l'amour avait besoin d'une justification, il la
trouverait dans ce sens que seul il inspire l'action,
autant par les mirages qu'il suscite, que pour les
sensations qu'il offre.

Pour nous arracher à notre inertie défensive,
il faut une impulsion. Nulle ne vaut celle du
désir. Sans lui, point d'effort, et lors point de vie
morale.

Tout homme peut dire à un autre : « Frère, il
faut souffrir », comme le trappiste qui croise son
compagnon, lui jette : « Frère, il faut mourir ».
Encore la mort peut être lointaine, la souffrance
toujours imminente vient plus vite. Le mécréant
dit en boutade : « on ne meurt qu'une fois ! » tandis
qu'on souffre incessamment.

Pour ne pas être accablé, il faut choisir la souffrance la plus supportable c'est l'amour, sans comparaison. Que le lecteur prenne garde : je ne dis
point que l'amour ne fait point partie des douleurs,
je dis seulement que nous supportons mieux celle-
là : et non parce qu'elle est moindre, mais parce
qu'elle comporte des moments compensateurs et
heureux.

Les hommes mûrs ou vieux qui vantent l'amour,

comme leur meilleur souvenir, semblent vicieux et superficiels. Non pas.

L'amour est une souffrance interrompue par des jouissances qu'aucune autre passion ne connaît.

Il faut donc aimer pour ne pas faire pis, à défaut d'autre motif.

En magie, on enseigne que l'homme qui se trouve à l'état philosophique, dans une activité abstraite de pensée, ne saurait être influencé par un courant hostile, parce que à ce moment il se trouve dans une zone où les effluves passionnels ne pourraient l'atteindre.

Que cela soit vrai ou faux. à mesure que l'amour passe de la portée attractive sur celle du sentiment et de celle-là sur le plan spirituel, il se met, de degré en degré, hors d'atteinte : et l'effort d'idéalisation se trouve récompensé par une plus grande paix.

Si le célibat était favorable à l'évolution ou bien encore si la solitude était possible pour nos générations, il y aurait lieu d'hésiter : ces partis du reste ont leur danger, la sensibilité faute d'activité s'éteint et avec elle se perdent plusieurs belles facultés. Pour être seul, sans se déformer, il faut vivre avec une idée fixe.

Croire qu'on peut s'abandonner à ses penchants sous prétexte que la volonté a une extrême puissance, c'est une illusion dangereuse où l'homme confond sa passivité avec une fausse activité.

Celui qui suit son penchant croira qu'il manifeste son vouloir, alors qu'il coule à l'inconscience.

On ne peut appeler volonté qu'une décision idéale; et prise sur soi-même, confirmée par une forte discipline, sinon Don Juan sera un volontaire lui qui reste à la merci de la première venue et suspend sa vie aux hasards des rencontres.

En exerçant sa volonté sur lui-même, l'initié se trompera encore, s'il veut contre ses facultés ou contre les lois.

Vouloir certes représente une grande chose mais que vouloir? A cette question, chacun hésite, non sur l'orientation, mais sur la justesse de cette orientation. On veut souvent, à tort, et l'obstacle qui nous arrête, nous sauve. Avant de s'engager dans le désert, il faut prévoir la soif, la faim et les étapes d'une oasis à l'autre, car ce qu'on nomme l'étoile n'est visible que sur les aventures accomplies et non sur celles à venir.

Nous n'avons pas d'ailes ; et c'est à pied que l'on gravit la montagne. Pour l'âme, même effet ; l'ascension n'est sûre, que si elle est lente et progressive.

La vie c'est la lumière de l'homme : elle ne nous offre que l'amour, comme mode d'activité morale : Acceptons-le comme premier effort ; notre génie, s'il existe, se manifestera. Il a suffi. à Michel Ange de ramasser un morceau de charbon et d'en donner quelques traces sur un mur, pour révéler sa venue : la qualité de la personne se manifestera toujours.

Quelle raison de suivre une autre voie que celle qui nous est propre ? Nous sommes nés d'une involution. Il ne faut pas trop presser ces mots d'esprit et de nature, de corps et d'âme, de peur de forcer leur sens : il suffit d'en bien établir la hiérarchie et les zones respectives. Les choses extrêmes sont pour nous, comme si elles n'étaient pas, et nous ne sommes point à leur égard. Elles nous échappent ou nous à elles. Voilà pourquoi l'amour s'impose comme la chose médiane, susceptible de la plus grande subtilité comme de la dernière matière ; et nous serions tour à tour, à son égard, comme des anges ou comme des bêtes, suivant que nous rêverions de charité ou de débauche, si nous ne le trouvions toujours, comme un point fixe, quoique vivant au centre des rapports.

L'amour n'échappe à aucun de nous, ni aucun à lui, parce que c'est la chose la plus proche de notre sensibilité, et que, quel que soit son mouvement elle ne saurait s'en éloigner.

V

DE L'ÉVOLUTION

> *Méfiez-vous des types facilement imitables : ce sont des exemples d'enfer.*
> *Ce qui s'offre à nous pour nous plaire est une imposture, puisque la douleur seule est vraie : nous ne supprenons les héros qu'en face des monstres.*

L'art tient pour la passion ; la morale pour le mariage, et la théologie pour une certaine vertu.

Il n'est pas douteux que la passion aveugle contredit à l'harmonie, fin nécessaire de toute chose : que le moraliste s'occupe du bonheur individuel comme le fisc de la fortune, pour l'amoindrir ; et enfin que la théologie enseigne la vanité des affections humaines.

A qui entendre ? Quel est l'imposteur, du poète, du moraliste et du prêtre ? Ils mentent tous les trois par paresse et esprit de spécialisation.

On trouve le bonheur dans l'amour : mensonge poétique.

On trouve le bonheur dans le devoir : mensonge moral.

On trouve le bonheur dans le seul amour de Dieu : mensonge théologique.

Avec de pareilles formules, l'antinomie foisonne.

En s'appliquant plus fortement et sans aucun esprit de caste, on résoudrait peut-être cette effarante question.

Le bonheur n'est pas dans l'amour. mais on ne peut le chercher que là ; et cette recherche surpasse en grandeur et en fécondité toute autre activité.

Quant à la morale, elle résulte de l'amour même, elle en forme la conduite.

La transformation de la passionnalité en charité représente le grand œuvre de l'alchimie animique, la plus divine opération qui se puisse tenter sur terre. Mais, monsieur le curé, primaire du mystère, plaisante, quand il propose la sainteté à ses ouailles il ressemble à l'instituteur qui parlerait de Platon aux gamins de l'abécédaire.

L'imitation des saints n'est pas plus aisée que celle des génies.

Le devoir et l'amour divin sont des thèmes pour l'exception : l'amour est vraiment la lumière pour tous les hommes, l'amour simple du couple mythique, l'amour des poésies et des romans.

Coppée, qui avait l'expression médiocre, a senti

cependant sous l'aspect caricatural du tourlourou et de la payse, l'étonnante dignité de la concupiscence.

Je cherche à caractériser le bien et le mal en amour, et je ne vois que deux types qui me satisfassent. Tristan de Léonois représente le saint et Don Juan de Marana le mécréant.

« Si quelqu'un pour s'enrichir ou se pousser dans le monde se comportait comme on le fait pour l'amour, quel avilissement » c'est l'avis de Pausanias dans le *Banquet*, c'est l'avis de notre littérature, de notre théâtre. Que répondra la morale à ce fait permanent? Elle ne peut pas y répondre : il faudrait avouer que l'amour a le droit de préséance, même sur la vertu ; car s'il est absolu, il devient lui-même la vertu.

Ici une multitude de protestations s'élève. Quoi ! un fils de famille se prend aux vices mêmes d'une gourgandine, une femme née sur les marches d'un trône tombe aux bras d'un laquais ! Ce seraient là des vertus ? J'accorde que les risques sont extrêmes, nulle part l'erreur ne surabonde pareillement ; mais d'où vient que Des Grieux reste sympathique? Parce que Manon devient malheureuse : le chevalier suit la déportée. A ce moment, ce garçon sans honneur nous conquiert : car à ce moment, il aime.

On ne sait pas vraiment de quel cerveau Don Juan est sorti. Ce type que chacun a dans la cervelle ne ressemble ni au personnage de Tirso, ni à celui de Molière, ni à l'autre de Mozart; mais l'expression de Don Juanisme, on l'entend bien, c'est la conception de l'homme fatal, du séducteur sans défaite.

> Oui, Don juan. Le voilà, ce nom que tout répète,
> Si vaste et si puissant, qu'il n'est pas de poète
> Qui ne l'ait soulevé dans son cœur et sa tête
> Et pour l'avoir tenté ne soit resté plus grand.

Musset dans *Namouna* a donné corps à ce mythe détestable; et nulle part, si ce n'est peut-être dans les pièces condamnées de Baudelaire, on ne mesure la puissance déraisonnable du lyrisme et les dangers de sa contagion.

Tout est faux dans cet Alexandre de la sexualité.

> Tu parcourais Madrid, Rome, Naples et Florence.

L'homme irrésistible ne saurait se déplacer, sans perdre la plus grande partie de son rayonnement. On ne plaît pas, pour les mêmes raisons, aux Madrilènes et aux Parisiennes; et le duc de Richelieu, qui, le matin de sa mort, avait huit billets de femme sur sa table de nuit, à Florence n'eût pas recueilli tant de suffrages.

Un roi est irrésistible pour les dames de sa Cour un héros dans son pays. Mais s'il est vrai que le troupeau féminin soit moutonnier et se précipite confusément, en masse, vers le même individu, encore faut-il qu'il soit extrêmement brillant. Il n'y a jamais eu de Napoléon sexuel. Ce domaine ne comporte pas les trompettes triomphales de la victoire.

Trois mille noms charmants, trois mille noms de femmes. Pas un qu'avec des pleurs tu n'aies balbutié !

Voilà de quoi fausser la sensibilité des jeunes générations. Le même phénomène qu'on observe chez la courtisane et chez l'alcoolique se produit chez l'homme à femmes : une espèce d'anesthésie morne, hébétée. Le pauvre grand Verlaine disait : « Je ne bois pas pour boire, je bois pour me soûler. » Don Juan n'aime pas pour aimer, il aime pour dénombrer. A travers les femmes, il fait une liste, comme l'alpiniste additionne les mètres de ses ascensions.

Appeler ce maniaque « prêtre désespéré », c'est au moins étrange. Lorsque les Grecs ont raconté les amours de Zeus, ils n'ont pas manqué, en psychologues expérimentés, de le métamorphoser, selon le tempérament de la belle. On ne séduit pas de même façon Léda, Danaë, Antiope, et pour posséder la vertueuse Alcmène, il faut prendre les traits de son époux Amphitryon. Ces bonnes fortunes du roi des dieux paraissent fort laborieuses : elles expriment la diversité des tempéraments. Se-

lon Musset, Don Juan soumet les quatre tempéraments, et sans changer même de costume : ce n'est
point idéal, mais absurde. Sans doute, un homme
qui passe pour avoir eu beaucoup de femmes parlera à la curiosité de plusieurs. Mais ces curieuses
n'apportent guère à Don Juan que du dévergon-
dage ; elles s'offrent à lui. Pour une Dona Elvire,
qui est une noble conquête, que de Catherine. D'où
vient que personne n'a écrit les *Mémoires de Don
Juan* ? C'était cependant un bon prétexte aux diverses aventures. Pourquoi Molière et Mozart ont-
ils gardé ce dénouement fantastique de la statue
du Commandeur ? Par embarras d'un personnage
faux et antipathique. Don Juan n'aime pas. Il pail-
larde, Desbarreaux, l'ami de Marie de l'Orme, ima-
gina, avec quelques beaux esprits aimant la chère
lie et le boire frais, de parcourir la France pour
manger et piper ce que chaque province produit
de meilleur. Le vœu donjuanesque ressemble à
cela, et je me bats les flancs pour le trouver :

Plus vaste que le ciel et plus grand que la vie.

Don Juan, ce n'est que Chérubin grandi et devenu maniaque. Le petit page aime sa belle mar-
raine, la petite Fanchette, Suzanne, et même il
embrasse Marceline. « Une femme, une fille, que
ces noms-là sont doux. » Il aime le sexe, et nous
sourions à cette puberté. Chérubin avec de la mous-

tache ne serait pas supportable, en cette fringale sexuelle. Essayez, dans une pièce moderne, d'intéresser à un amant qui lutine la femme de chambre, en attendant la maîtresse ! Le public n'entend pas grand'chose à la métaphysique : il juge d'instinct et il ne reconnaît l'amour que dans son unité. Aimer, c'est ne désirer qu'un seul être. Là est la poésie, là est la morale : tout le reste appartient à la galanterie ou la débauche.

La théologie a tenté de dissocier le dogme individualiste de l'amour, du dogme social du mariage : elle a eu peur de la passion et elle a versé ses dédains sur l'amour des créatures, elle a enseigné que Dieu était jaloux et voulait tout notre cœur. Ainsi, elle a opposé une conception gratuite et fantaisiste à la volonté du Créateur. On la découvre aisément dans la réalité même, dans les manifestations générales de la conscience.

Le héros conçu par Musset n'est qu'un débauché vulgaire :

> Portant sa lèvre ardente à la prostituée
> Avant qu'à son balcon Done Elvire éplorée...

Imagination malsaine de collégien, inexcusable chez le poète de 1852, connaissant la vie et surtout la vie amoureuse. Celui qui peut passer de Dona Elvire à la première venue me paraît singulièrement grossier et surtout malade. Ici on découvre le tort grave de la casuistique qui n'a pas séparé, dans ses exorcismes, le vice, de l'amour.

Le Don Juan de Musset incarne le vice et aussi le ridicule.

Trois mille noms charmants, trois mille noms de femme.

Rabelais a décrit le repas de Gargantua, mais son dessein était comique : celui de l'auteur des *Nuits* est lyrique et dès lors l'effet devient dérisoire.

Cette vision d'halluciné nous fait voir le héros :

> Pousser dans les ruisseaux le cadavre d'un père
> Et laisser le vieillard traîner ses mains de sang
> Sur des murs chauds encor du viol de son enfant.

Cela écœure : une telle poésie est une mauvaise action, et malheur à qui aime un pareil scélérat,

> Comme le vieux Blondel aimait son pauvre roi.

L'homme aux trois mille amours est une conception grotesque et coupable ; car ceux qui ne connaissent pas la vie peuvent croire à cette stupidité.

S'il existe un domaine où la qualité prime la quantité, c'est assurément celui de la passion. Elle est impossible, sans une extrême concentration ; ou bien, on appelle passion une chose qui ne mérite pas ce nom. Même en laissant de côté le nombre, le principe de la dispersion sentimentale contredit à la profondeur des impressions. L'homme galant comme la femme galante arrivent vite à un blasement des sens : et nous savons tous que la fréquence d'une sensation la restreint et l'annule.

Don Juan peut intéresser comme bizarrerie de la sexualité, ce n'est pas un amant. On pourrait demander s'il est tant aimé ? Séduire, c'est-à-dire surprendre une imagination ou une sensualité, les femmes le peuvent à chaque instant : l'homme ne résiste pas à son désir ; pour le fixer, c'est une plus grande affaire, et le drame juanesque ne nous montre pas un suicide. On souffre de l'infidélité de Don Juan, on n'en meurt pas. Cet homme de désir n'inspire guère plus que le désir. Son prestige est fait de sa fugacité. Il passe, charme et disparaît. On se figure aisément des femmes plus réfléchies que Dona Elvire qui le regarderaient opérer, avec le dédain qu'inspire un être superficiel et banal, comme on conçoit des hommes frigides devant une belle courtisane, parce que sa vileté abolit l'action de sa beauté. A qui n'est-il pas arrivé de vérifier le mot de Chamfort : « On se dégoûte des femmes par ceux qu'elles écoutent. » Or, Don Juan dégoûte par son caractère professionnel. Son cœur ressemble à la botte de Croquemitaine, débordante de petits enfants. Il fait penser à ces images ridicules, où un emmêlement de corps de femmes fournit une physionomie déterminée.

Voyons maintenant la notion amoureuse que conçut le Moyen Age.

Tristan va mourir, il a fait apporter son épée, il en baise la lame et la poignée et la donne à Sagremar (Kurneval), puis il se tourne vers la reine : « Tant, je me suis combattu contre la mort que j'ai pu, ma chère Dame. Comment durerez-vous après moi ? Comment pourra-ce être que Yseult vive sans Tristan ? Ce sera aussi grande merveille que du poisson qui vit sans eau ou que d'un corps qui vit sans âme. Chère Dame, que ferez-vous, quand je meurs ? Ne mourrez-vous avec moi, ma belle douce amie, que j'ai plus aimée que moi, faites ce que je vous requiers, que nous mourrions ensemble.

« La reine qui tant avait deuil que le cœur lui crevait : « Ami, il n'est nulle chose en ce monde que je n'aimasse faire tant comme vous faire compagnie à cette mort, mais je ne sais comment ce peut-être : si vous le savez, dites-le, je le ferai tout de suite. Pour douleur et angoisse si une femme peut mourir, je fusse morte plusieurs fois, depuis que vins céans.

— Hé donc, amie, voudriez-vous oncques mourir avec moi ?

— Ami, je n'ai jamais rien tant désiré !

— Ce serait honte, si Tristan mourait sans Yseult ! Amie, approchez-vous de moi.

« Dinas qui est près de Tristan et Sagremar et

tous pleurent. Tristan regarde les assistants et leur dit :

« A Dieu soyez tous recommandés ! » et à Yseult : « approchez ».

Yseult s'abaisse sur sa poitrine : Tristan la prend entre ses bras et l'étreint de tant de force qu'il lui fait le cœur partir. »

Voilà le plus ancien texte du poème. Il convient de remarquer que Tristan agit d'abord en chevalier, ensuite en chrétien, enfin en amant. Il fait partir le cœur d'Yseult devant tous, en l'étreignant. Personne ne s'étonne, personne ne proteste : et un tel acte ne contredit ni à la chevalerie, ni à la religion, quoique Yseult soit la femme du roi Marke. Pas plus l'inventeur breton que le du Gast du xiiᵉ siècle, n'a pensé que ces amants mouraient en état de péché mortel. Malgré l'enseignement religieux, ces pécheurs ne sont pas damnés, leur mémoire grandira plus qu'aucune autre. Oncques ne furent plus parfaits amants : cela suffit à l'opinion qui absout, avec une unanimité attendrie et admirative.

Wagner en ressuscitant ce couple incomparable lui a gardé sa physionomie primitive. Toutefois il a donné le rôle actif à Yseult et le passif à Tristan : ce parti incompréhensible ne modifie pas la fable ; il importe peu que Tristan soit passif, puisqu'il ne prend son sens que par identification avec Yseult.

Tannhauser est un autre Tristan d'un plus grand

prestige : au lieu de l'épée il tient la lyre : c'est plus qu'un chevalier, c'est un poète, et finalement c'est un saint. Elisabeth, ce miracle de pudique passion, s'élève également au-dessus de la blonde Yseult.

Le premier couple mène l'amour jusqu'à la mort, le second le conduit jusqu'en éternité.

Elisabeth rachète l'amant pécheur, elle se donne pour son salut, et lui, par la pénitence, va au-devant de la bien-aimée. L'instant où le minnesinger rencontre le corps de son amante est un des sommets de l'art et de la passion. Il n'y a plus de chair et on est plus sur terre. Cette fois l'amour s'élève à un vœu immortel ; l'Alceste chrétienne, la fiancée surpasse l'épouse d'Admetos. Le dévouement et le repentir se dédient à la vie future : quel couple, quelle rencontre au siècle éternel, quel applaudissement roulant comme une progression d'orchestre, à travers les neuf chœurs des anges. Il n'y a pas dans la Thorah autant de sublimité que dans le poème de Tannhauser et d'Elisabeth. Ce drame surpasse certes *Polyeucte* et *Athalie* où la splendeur de la forme s'épuise, sur un fond sacerdotal et partant ingrat.

Quelle sinistre et grandiose figure que celle du pape anathématisant le minnesinger : le prince des prêtres a parlé, selon les canons. Le cœur d'Elisabeth d'un seul battement rétablit l'harmonie troublée : l'amour a sauvé ce qui était perdu pour le vicaire de Jésus. Quelle force que l'amour et quelle beauté ! S'il manque dans une vie, il n'y a rien que de la vanité ; là où il paraît, il illumine, il échauffe, il purifie et suivant la finale du second Faust : « l'éternel féminin nous ravit aux cieux ! »

Une femme dirait « l'éternel masculin ». Le couple est la forme du bonheur et de l'ascension.

Maintenant, ramenons le discours jusqu'à Don Juan. Qu'est-ce que ce ruffian peut prétendre ou plutôt que prétend-on pour lui ? Il est l'homme qui n'a pas aimé. Musset nous dira qu'il n'a pas trouvé la femme qu'il cherchait ! Propos stupide ; il n'est pas un visage, même de bourgeois, qui, à la longue, ne finisse par intéresser : nous regardons parfois les Holbein, sans ennui ; dès qu'on se penche attentivement sur une âme, on admire l'âme en soi, même si la personne ne vaut pas.

Selon la formule liminaire, l'art a raison de tenir pour la passion, puisqu'elle féconde l'homme et le surélève : la morale ne propose rien qui ne soit la volonté du véritable amour : Tristan et Yseult, Tannhauser et Elisabeth se marieraient, certes, s'ils pouvaient. Quant à la théologie, elle perd la partie : la vertu qu'elle préconise reste bien au-dessous des vertus de l'amour.

Eh ! oui, le mot est lâché. Il y a des vertus que

l'amour seul fomente, qui lui sont propres et que l'esprit sacerdotal méconnaît. Autant la damnation de Don Juan paraît méritée, car il blasphème et profane sans cesse l'amour, autant le péché de Tristan nous trouve non pas indulgent, mais admiratif et presque envieux. Les lois morales doivent être suivies, cela ne fait point de doute, comme les lois esthétiques ; mais l'amour a le privilège du génie ; et sa norme, plus haute que l'ordinaire, l'emporte, en droit comme en fait.

Quelques-uns se récrieront qu'on abaisse les barrières, dans un domaine où elles sont plus nécessaires qu'ailleurs! L'Amour porte avec lui mille maux.

Quel corps ne projette une ombre proportionnelle à ses dimensions? La foi n'engendre-t-elle pas le fanatisme ; et personne de sage ne songe pourtant à l'éteindre.

Le même discours établi sur les types littéraires, les plus près de la réalité, serait susceptible d'une formule plus abstraite.

L'unité représente toute l'idéalité de l'amour, et aussi sa morale. Des contradictions de fait peuvent surgir : Yseult est l'épouse du roi Marke. Il y a donc adultère et casuistiquement, la très noble amoureuse meurt en état de péché mortel. Mais elle meurt de son péché ; la mort absout.

Ceux qui ont lu la vie de sainte Elisabeth de Hongrie n'ont pu refuser leur admiration à l'épouse

de Louis IV de Thuringe dit le Saint. Une régente
qu'on dépose, sur l'accusation justifiée, qu'elle
dissipe en aumônes le revenu de l'Etat, cela n'est
point commun. Elisabeth l'amoureuse nous touche
davantage ; pure comme la Sainte, elle porte un
autre nimbe qui brille d'un éclat plus chaud. La
réunion de l'amour et de la vertu, dans un être, en
fait le chef-d'œuvre de l'espèce.

Il y a un parti intellectuel qui vante la seule
vertu. Que ceux qui l'embrassent soient honorés.
Les autres ne doivent pas donner dans l'hypocrisie
et parler contre leur cœur ; et les autres, c'est à peu
près tout le monde.

Sur un autre point, une importante satisfaction
se trouve accordée à la théologie et à la morale.

L'exaltation de l'amour ne va pas sans l'exécration de la débauche ; et la gloire de Tristan et de
Tannhauser rejette le héros cher à Musset parmi
les ruffians, entre les Claveroche, les Casanova et
les duc de Richelieu.

C'est une grande chose que la police, et nécessaire, dit Bossuet ; mais la meilleure, nous l'appre-
nons de notre sensibilité. Elle s'est réverbérée
dans les chefs-d'œuvre, ces miroirs enchantés où
nous apercevons notre conscience, plus claire et
colorée que dans la méditation.

Ceux qui arrivent à un commandement spirituel
promulguent leur vision, comme le dogme de l'hu-

manité : la vérité ne s'incarne pas dans une étroitesse de personne ; elle vit, et il faut la chercher
dans ce monde esthétique où l'invention n'est que
la forme resplendissante, qui enveloppe le mystère,
pour le rendre humain et accessible.

VI

DE LA MORT ET DES RENAISSANCES

Mourir, c'est s'endormir sans espoir de réveil. La nature nous initie à la mort avec un soin extrême : elle nous fait répéter cette scène chaque jour et quand il faut enfin la jouer nous n'y sommes jamais prêts, même si nous espérons le réveil éternel ; parce que la vie est un pacte d'amour, nous la pleurons comme la femme la plus aimée, même devant le sourire de l'éternité.

Aimer, c'est mourir à soi-même pour renaître en autrui : échanger beaucoup de soi comme beaucoup d'autrui, se mixturer sous tous les rapports.

Chercher sa moitié, c'est vouloir abdiquer une part de sa personnalité. Ceux qui se flattent de subjuguer l'être choisi sont des enfants : dans l'intimité, il n'y a pas de maître, même lorsqu'il y a un tyran. Sous l'accouplement du joug, la bête qui ne tire pas est tirée. L'être le plus neutre influera presque autant, par sa neutralité même, qu'un entêté. Qui a le plus agi sur la plupart des hommes ? La fille amorphe et momentanée qu'il les a professionnellement initiés à l'amour. De cette révélation de la rue, ils ne se lavent jamais complètement ; elle les suit auprès des femmes du monde, auprès de la leur et les gêne par des images de plaisir banal et facile.

Celui qui croirait assurer sa personnalité, en épousant un être mol et comme on dit de tout repos, aura tout manqué, car il perdra quelque chose de son entité, sans s'assimiler aucune part de l'autre.

Il faut voir le problème dans sa réalité. Aimer c'est renoncer en partie à soi-même ; et cela explique les souffrances de l'amour dédaigné ; l'être intérieur se ruine dans cette entreprise où il jette toutes ses forces, si d'autres ne lui viennent pas en échange. Malheur ou partie perdue que cela !

Mais, si le lecteur se contente d'une basse image, aimer c'est changer ses cartes, au jeu de la vie.

Aimer c'est se réaliser en autrui, et cela correspond à l'idée d'aventure, de spéculation, d'expatriation, avec tous les mirages et aussi tous les dangers.

Sans remuer la poussière des in-folios de la sagesse humaine, sur la scène de l'Opéra, Wagner a fait un cours merveilleusement clair de la Magie qu'il ignorait, en ce sens que le génie ne sait jamais et devine toujours.

Les géants, figures des Normes brutales qui nous régissent, veulent ou Freia ou l'anneau ; et les runes ou lois du monde moral ne permettent à personne de posséder la puissance et l'amour. Par conséquent, qui veut aimer jette aux Cerbères de la Norme l'anneau de sa puissance individuelle. Que sa Freia soit noble, sinon il est perdu, car il ne retrouvera pas l'anneau.

La Doctrine de la grâce est une invention des collèges aristocratiques : en vérité, tout se paye, et si cher, qu'il faut oublier l'expérience et la raison, pour oser un vœu.

Balzac a emprunté à l'Orient l'idée géniale de cette peau de chagrin qui se rétrécit, à chaque désir, et qui représente la vie même du désireur.

Or, la vérité est autrement terrible ; l'éternité de l'homme oscille à chaque pensée, à chaque penchant et on deviendrait fou si on voulait affronter trop longtemps cette idée ; le Bouddha qui l'a envisagé, avec une force plus grande qu'aucun, a conclu au nirvanâ.

Il s'est trompé. La vie n'a pas d'autre solution que l'amour, se prolongeant en charité, à travers les stases du devenir. Celui qui, en ce monde, aura donné le bonheur à un être, sera sauvé. Quant à l'élection, elle exige qu'on ait donné la lumière.

Voilà pourquoi, j'ose inciter le couple amoureux à se caresser l'âme, à s'épanouir l'esprit, non pour

la joie suréminente qui en résulte, mais pour la
merveilleuse paix future que cela prépare. Le
couple passionnel ne sera pas ratifié d'en haut, s'il
ne forme pas un couple idéal.

Les clercs ont mis ici des images puériles
d'époux chastes au déduit et autres imaginations
de sacristie. La matière a trop d'importance pour
ne pas la déblayer de ces niaises inventions de
théologastres. Tout est légitime en amour : et on
n'y sera jamais assez païen : mais ce qui est
commandé c'est que, après avoir joui comme un
hellène, on aime chrétiennement, on aime le salut
de l'Aimé.

Elle est vraie, la doctrine du salut, vraie comme
le catholicisme en son entier : mais il est faux que
les prêtres aient des clés pour fermer et des pouvoirs pour lier. Tout est vrai qui sort du Vatican,
sauf l'anathème, sauf le droit canon, sauf le travail césarien du clergé. La croyance n'éteint pas
les passions, et l'orgueil du prêtre est le pire des
tous.

« Je suis un artiste » s'écrie sincèrement quelqu'un en face du bourgeois, mais le même devant
l'idéal, se dira « je suis un pauvre singe ». Encore
l'orgueil sert-il l'homme créateur ; il contredit à
l'homme pasteur.

Cakya Mouny a instauré la philosophie négative.
Point de mal, mais point de vie. Car la vie comme
le jour, n'est qu'une alternance d'ombre et de lu-

mière. Le soleil symbole de la perfection disparaît à nos yeux, et l'idéal se voile aussi à notre esprit. La plus belle des statues a été d'abord un tas de boue que notre pied eut évité. Qu'est-ce que cette page avec ses caractères, noirs et informes, les mêmes pour l'erreur et la vérité, les mêmes pour le sublime et l'infâme, les mêmes pour peindre le ciel et affirmer Dieu ou pour mentir et pervertir.

Jésus seul a dit la vérité, et pour cela, il est vraiment Dieu : la vérité dépasse tout en épouvante : heureusement, je le répète, que nul ne la voit distinctement, ni longtemps.

C'est pour ne pas voir la vérité sur soi-même qu'on demande à autrui l'illusion consolante.

Comment faire de cette illusion une réalité ? par la pureté du vouloir. Voilà le tas de boue, nos instincts, nos besoins. A l'œuvre, à l'amour ; et que la forme sorte de l'informe et que l'immortalité jaillisse de la vie, et le salut même de l'amour.

Écoutez les clercs : ils disent bien, le salut est la grande affaire. Ne les écoutez plus, quand ils prétendent qu'ils en sont les dispensateurs.

L'amoureux qui, entre deux baisers, sur un banc de square, au printemps, dit à sa petite amie :

« Je ne veux pas que tu dises ou que tu fasses cela » parce que cela est laid ou vulgaire, et qui se sert de l'émoi passionnel, pour un rappel à l'idéalité cet amoureux est sacerdotal, à ce moment.

Ne vous endettez jamais envers la destinée ; c'est une infâme usurière : redoutez même ses offres, né souffrez pas qu'elle vous avance rien.

Son taux c'est la souffrance.

Il n'y a qu'un secret pour ne pas être la proie des records célestes, échapper à la torture, à la geole, aux divers échafauds, pour se dérober à la terrible inquisition des Egregores et ne pas finir sur un des auto-da-fés de l'ananké ; et je souhaite de mon lecteur la plus vive application, parce que le mot d'un mystère est toujours simple et pour cela, il échappe à notre esprit sensible aux seules images prodigieuses.

Comme la Renaissance est le nom véridique de la Mort, la Charité est la forme heureuse de la passion, la seule qui lutte contre le malheur, la seule qui désarme « ce bourreau caché qui est notre ange gardien ».

La Charité du Catéchisme, qui nous fait aimer Dieu par-dessus toutes choses, et notre prochain comme nous-mêmes pour l'amour de Dieu, je demande la permission de la définir ainsi :

La charité est ce sentiment de la perfection ou absolu, qui nous fait aimer ladite perfection ou absolu, dans tout ce que nous aimons, et surtout dans les êtres qui inspirent nos passions.

Je ne voudrais pas, même superficiellement et fut-ce une seconde, scandaliser une âme ; d'autre part, je n'écris pas une mystique mais une érotique.

L'Eglise, fait les saints : je forme seulement des initiés.

L'amour, réduit à son instinct, cherche la jouissance; l'homme s'endette chaque fois qu'il jouit et ainsi il se ruine et devient l'esclave de la fatalité, comme un paysan slave à qui un juif a prêté.

Nul n'est censé ignorer la loi ! Cette sinistre ironie, la société l'a empruntée à la Providence.

Je crois avoir surpris l'esprit de cette loi, dont le texte n'est nulle part et dont l'application se voit partout.

« L'homme légitime ses passions, dans la mesure où il y fait entrer la charité; et la charité c'est le sentiment de la perfection. » Les passions parfaites, c'est-à-dire où il entre beaucoup de charité sont les moins imposées, les plus heureuses. D'abord, parce qu'elles sont plus fortes, agissant sur trois parties à la fois. Or, ce qu'il y a de plus fragile en nous c'est notre organisme, la maladie tue plus que la folie; et notre entendement résiste davantage que notre émotivité aux coups de la vie. Le Destin doit frapper plus durement pour atteindre une idée, qu'une affection. Ainsi nos passions résistent, selon la profondeur animique ou leur élévation spirituelle, comme un arbre, qui a de fortes racines et de très grands rameaux, gardera encore sa forme, après un ouragan.

Comment perfectionner l'amour de l'âme? En mêlant au désir et au plaisir, cette sollicitude fraternelle qui nous fait penser au bien d'autrui, en dehors de notre bien propre.

Pour l'amour spirituel, il consiste à poursuivre un idéal et à y subordonner les sens et l'âme.

Si deux amants deviennent plus nobles, plus purs, plus sages, en s'aimant : s'ils progressent dans le même sens où le jugerait un confesseur, ils font tout le possible pour échapper à la gendarmerie providentielle.

Si ces deux amants profitent de leurs émois, et de leurs baisers pour enfanter non un être, mais le renouvellement de leur être ; s'ils atteignent au dessein de devenir l'un pour l'autre une meule qui polit, un ferment qui panifie, un tremplin qui donne essor ; si vraiment ils regardent le ciel ensemble, et le reflètent avec un grand désir d'être de beaux miroirs de perfection ; s'ils s'aiment enfin, dans leur idéalité, et dans l'idée de salut, ils se trouvent dans les conditions les meilleures pour conjurer la loi de douleur.

Les maux qui nous menacent servent à nous faire payer l'effroyable contribution humaine. Il faut souffrir, mon lecteur ! Et la mort n'est pas le repos, comme on croit : mais il y aura un repos éternel et le seul moyen de nous garer, c'est de mettre de l'éternité dans les passions, c'est-à-dire de la perfection. Car dans notre sphère de rapports il n'y a que le grain d'absolu qui soit figurativement assez diamant, pour résister aux dures lois.

Peut-être que l'idée qui se profile ici, de l'homme s'ingéniant pour se garer des Normes, qui les régissent, paraîtra bizarre. Cependant, nul ne niera que le mystère nous environne, nous presse. Il faudrait renoncer à la qualité d'homme pour ne pas sentir qu'il y a des règles, en ce monde, et pour l'âme comme pour le corps. Quelle autre preuve que cette page, qui va déterminer, chez n'importe qui, une série de pensées nouvelles.

La règle suprême a pour hiéroglyphe la Croix.

Elle brille à la main du pharaon de Thèbes et sur la poitrine du sar de Ninive ; Jésus en a donné le sens.

La vie et la douleur sont des synonymes parce qu'il n'y a pas une seule manifestation de la vie qui ne soit menacée par la douleur, par une triple douleur.

Au monde organique, notre épiderme est plus matériellement exposé que notre âme, notre âme est plus vite atteinte que notre esprit.

Donc, chaque fois que nos passions sont animiques elles échappent aux contradictions extérieures, et si elles sont spirituelles elles échappent encore partiellement, aux réactions sentimentales.

Je ne contredis jamais aux lois de la vie contemplative : mais je ne traite que de la vie active, et j'avoue que je repousse fermement comme faux et néfaste, l'idéal ecclésiastique offert au laïc.

Le salut s'opère par la charité. Ici le curé et moi, nous sommes d'accord. Mais je réduis la charité à ma femme ou à ma maîtresse, heureux si je parviens à la pratiquer. Quant à l'amour du prochain ; cette proposition dépasse tellement l'âme humaine, qu'elle semble une imposture, et la pire de toutes.

En tout cas, je n'en ai jamais vu d'exemple : ce doit être vraiment une vertu surnaturelle.

Que dans le couple amoureux chacun, soit le rédempteur de l'autre et ce sera déjà un sujet d'allégresse pour les anges.

La rédemption c'est le passage de la volupté à l'amour et de l'amour à la Charité.

Or, ce passage n'a pas pour lui que sa beauté, c'est la voie sûre, la voie droite, c'est le salut, c'est surtout la condition de la moindre souffrance.

Que les amants aiment leurs âmes, qu'ils les soignent, les parfument et les fassent si vertueuses qu'ils puissent se les montrer nues, comme ils se montrent leur chair. La vertu doit être la fille de l'amour, car la véritable fécondation n'est pas celle qui augmente la quantité humaine, mais sa qualité.

Et l'amour est la grande opération qualitative, où deux êtres meurent à leur égoïsme pour naître par une triple communion, à la vie androgyne qui résout les antimonies et fait de l'homme et de la femme, un ange futur.

Pour voir Dieu, il ne faut pas que l'on soit distrait par les relativités ; et elles ne se résolvent que dans cette mort partielle du don de soi, que compense la possession d'autrui.

VII

DES DISPARITÉS

*En art, le point de perfection est le type ; en
philosophie, c'est la synthèse ; en science,
c'est l'unité ; en conscience c'est l'harmonie.
Tout est sorti d'un centre générateur : et cela
se conçoit. Tout doit converger vers le même
centre. Cela est certain et cela ne peut se
concevoir : le retour à l'unité.*

Un homme peut désirer et posséder une chair
impersonnelle, non seulemeut sans amour, mais
sous aucune idée de la retrouver une seconde fois,
limitant son vœu à la satisfaction d'un moment,
sans qu'il soit ni grossier, ni inculte, ni même
violemment tenté. Il passe ; un beau fruit pend au
bord du chemin, il étend la main et le mange : et
cet acte d'instinct ne modifie rien dans sa sensibilité et n'y laisse d'autre trace que celle d'une
gourmandise.

Une femme qui désire de la chair impersonnelle
est malade ; et si elle la possède, sans cristallisation

d'âme, si elle se limite à la sensation anonyme, elle se trouve souillée, sinon perdue.

L'homme qui passe, représente pour elle, l'acte d'instinct et ruine à jamais sa sensibilité. Avec « la première venue » on peut être encore Duclos, honnête homme et philosophe. Avec le premier venu, on n'est plus femme, ni femelle, mais hors du sexe et même hors de la vie.

Il ne faut pas mépriser les expressions spontanées : une femme qui a livré ses bras, ses seins, voire ses lèvres, proteste qu'elle ne s'est point donnée ; demi-vierges et demi-adultères ont un peu raison du fait de l'attaque masculine, et aussi du caractère de l'abandon absolu.

Pour une nature aristique, une rencontre de regard, une étreinte de mains, une de bouches sont des possessions pleines, entières ; et d'une intensité indépassable.

La qualité surpasse la quantité, dans le domaine sensible. Tu voudras la nudité d'une fille et tu te contenteras de baiser la main d'une dame, parce que la chair de l'une n'étant ni précieuse, ni secrète, elle ne donne qu'une réalité à ton désir, tandis que la dame qui vaut ce qu'elle s'estime, et dont la beauté est secrète, en tendant la main touche à ton orgueil et à ton imagination, et les épanouis.

La littérature offre deux tableaux également funestes : Roland amoureux, ancêtre de Don Quichotte devient fou ; et les chevaliers font des prouesses stupides pour gagner le cœur des dames : l'autre volet du dyptique se trouve peint par Rabelais.

Le moindre effet des grandes épreuves sera d'épuiser le désir du preux, et quand la dame se rendra à merci, elle ne sera plus pour lui qu'une ancienne chimère. Quant à la débauche panurgienne, il ne faut pas même en parler. Celui qui peut envisager légèrement la volupté est un médiocre, qui ne comprendra jamais la vie.

Même si la chair possédée est vile, le rite accompli garde sa prodigieuse gravité.

En montrant la différence de la sensation proprement dite entre les deux sexes, j'ai voulu poser ce principe, que la femme ne peut pas agir charnellement, sans engager son âme ; mais il n'en résulte pas que l'homme puisse impunément forniquer. Sa personnalité ne s'y attache pas, mais sa sensibilité en garde l'empreinte et la sensibilité c'est l'œil de l'âme : rien de tragique comme de l'obstruer.

Salomon artiste, poëte et philosophe qui mérita que la reine de Saba fît un si grand voyage pour coucher avec lui, semble vraiment exceptionnel dans l'histoire orientale, et malgré son cortège de mauvais lieu, mérite d'être salué comme un des premiers héros de l'amour.

Sa gloire est faite de la seule faute que le Saint-Esprit lui reproche, ce libre désir qui va aux femmes étrangères, au lieu de se satisfaire dans son harem.

Les patriarches furent polygames et sur ce point la loi de Moïse ne diffère pas de celle de Mahomet. Cela seul suffirait à repousser l'autorité juive en morale.

L'Arya est monogame, dès l'aube historique ; les chants du Véda le proclament. Mais l'esprit de notre race sépare le mariage de l'amour et non sans vraissemblance, puisque l'un est un pacte de destinée et l'autre une communion sans autre clause que le mouvement du cœur.

Ce livre a un but pratique, il prévoit les questions difficiles que se posera le lecteur.

Tel accepterait le vœu du noble amour, mais il n'a pas rencontré sa parèdre : il n'y a aucune certitude de la trouver : que fera-t-il ?

Le clergé qui dit benoitement à l'époux trahi : « fais vœu de chasteté » répondra « demande à la prière et la mortification, la continence. » Rien n'est aisé comme de formuler les beaux préceptes : cela vous donne une figure presque sublime, et le monde admire celui qui se moque de lui, avec un sourire sacré. L'honnêteté agit autrement, elle enseigne ce qui peut être suivi, et rien de plus.

Oui, l'idéal serait de n'avoir point de sexe, en dehors de l'amour ; et tout ce qu'on accorde aux sens est faiblesse et déperdition. Le sexe a été donné à l'être humain pour exprimer l'amour, et on disconvient à la Norme, chaque fois qu'on se trouve sexuel et sans amour.

Ceux qui pourront et qui voudront résoudre la question dans le sens idéal, sont avertis, que là est le plus haut point de perfection, à condition toute-fois que le reflux sexuel ne vienne pas éteindre en eux la sensibilité, comme il arrive chez les clercs. Entre Don Juan Tenorio et Torquemada, le diable lui-même n'hésiterait pas et il emporterait le Néron de Valladolid.

Le premier précepte du chrétien est de ne pas faire du mal à autrui : ce qui dans la matière si-gnifie de respecter les vierges d'abord, et avant tout ; en second lieu, les couples qui s'aiment ne fussent-ils pas mariés. Un amour réciproque semble être sacré et nul ne doit chercher à l'enta-mer : en troisième lieu, ne pas troubler la paix des ménages.

Il ne reste que les filles et les veuves. Pour être sincère la fille, conseillée par la morale courante, fait horreur à l'initié, parce qu'elle contamine sa très précieuse sensibilité.

La veuve n'a point de devoir sexuel, elle est donc libre de chercher et de réaliser l'amour ; et très qua-lifiée pour aimer, car elle a une expérience spéciale de la vie intime.

Ce serait un déplorable aveuglement que de cher-cher à aimer quand même et de forcer un goût à prendre des allures de passion. De même que la sagesse est de retarder les saisons de la vie, de prolonger l'enfance, puis l'adolescence ; de même, il faut plutôt se retenir sur la pente passionnelle que s'y précipiter.

Ici, le respect humain intervient comme grand fauteur de désordre : on n'ose pas s'avouer le peu d'âme qu'on échange, on ment par vanité ; et l'un des deux prend l'autre aux mots, enflés et superlatifs, qui dépassent de cent coudées la réalité du sentiment.

Il y a une amitié sexuelle, ou voluptueuse qui unit, à une entente réelle des caractères, un commerce de chair. Ce n'est pas très haut, mais ce peut être très doux : point de lumière, ni de chaleur en ces sortes d'inclination, mais non plus d'ombre, ni de désordre.

En amour, il faut être soi, se défendre des tableaux tragiques et sombres et des souvenirs enfiévrés de la poésie. Que de gens se sont perdus pour avoir pris leur programme dans la fiction ou simplement pour n'avoir pas été sincères en leur désir. Ici se mentir à soi-même aboutit au désastre, car ici, la personnalité s'engage, en s'affirmant.

On n'aime pas selon une formule ou une fiction puisqu'on est, en réalité, l'objet de son amour.

On n'aime pas d'une façon identique aux divers âges, ni aux différentes dates d'un sentiment. Combien forcent leur nature, par une ambition étourdie de se montrer extraordinaire. Il entre trop d'amour propre dans l'amour, même s'il est secret.

Comme être et paraître sont identiques en affectivité, chacun, par un zèle inconsidéré, s'efforce de chanter plus haut que sa voix, qui casse d'ordinaire, à ce jeu de vanité.

L'art nous montre des paroxysmes, selon sa loi d'intensité ; le tableau n'a qu'un geste, la scène n'a qu'un moment, il faut donc que ce geste soit suprême et ce moment prestigieux.

L'amour tirant tout son heur de la durée, obéit à un rhytme moyen, qui puisse être soutenu sans effort.

Théophile Gautier a noté l'aventure de celui qui veut endormir sa belle dans ses bras.

D'abord c'est d'une infinie douceur, mais bientôt l'aimée s'alourdit dans l'étreinte et ce cher corps devient un poids et puis détermine un fourmillement et une ankylose, au lieu de l'initiale volupté.

On dit que la femme s'attache d'autant plus qu'elle se sacrifie, comme elle préfère, parmi ses enfants celui qui lui a plus coûté de veilles et de larmes. Pour l'homme il n'en est pas ainsi : et comme son désir s'éteint s'il subit une longue attente, sa tendresse se diminue de tous les sacrifices qu'il fait. Ce n'est pas beau : mais la beauté n'est pas plus fréquente dans la vie que dans l'art.

Nous n'avons chacun qu'une quantité de force expansive, variable selon l'individu, mais invaria-

blement limitée. Dirai-je qu'il faut en être bon ménager ? Franchement, oui, pour ne pas se trouver au
dépourvu devant les amères sommations de la vie :
qu'on garde une sorte de réserve sentimentale.
Mieux vaut entonner quelques tons plus bas, que
de manquer de voix.

L'amour n'est pas un rendez-vous où on met les
baisers doubles, ni une chevauchée où on risque
de se rompre le cou, ni une nuit d'Alcmène, l'amour
c'est la vie à deux, j'entends le noble amour.

Je m'efforce à lutter contre un poncif redoutable
celui d'Orlando Furioso, du quand même et de
l'outrance : que la constance prenne la place d'un
trop éphémère lyrisme. La vie est longue et il ne
faut pas s'essouffler, si on veut la marcher heureusement.

Une apparente médiocrité résulte de tels conseils.
Certes, cela ne ressemble point à un livret d'opéra :
mais il faut être fol pour tenter le théâtre, dans la
suite des jours : et l'obscure détestation de l'Eglise
contre le romanesque s'inspire-t-elle de ce danger
de l'imitation sentimentale.

Réconcilier Pallas et Aphrodite, ce n'est pas subordonner la joie morale à une discipline austère,
mais accorder notre désir avec la Nécessité.

A chaque désir, et selon sa force, nous oublions
notre dépendance, comme l'animal qui, à la vue
d'un appât tire sur sa chaîne et prend un élan sitôt arrêté. Dans l'amour, il y a aussi une entrave :

et nous ne sommes plus libres, si nous sommes deux, à moins de devenir semblables, par unification des tendances.

Sur ce chapitre, l'illusion ne saurait persister.

Si l'être aimé ne compense pas l'abdication partielle où nous sommes forcés, par une abdication semblable, si chacun ne renonce pas un peu à lui-même, la communion n'existera pas. On ne juxtapose pas deux êtres, ils se mêlent ou bien ils doivent se quitter ; et l'indissolubilité de l'union sexuelle appartient à l'histoire des folies législatives. Il est vrai, que pour la plupart des cas anciens, l'adultère tempérait le dam des mauvaises amours ; car aucun supplice ne saurait se comparer à l'intimité dans la haine : vision infernale plus que les horreurs Dantesques.

La femme aspire au foyer et l'homme à la volupté, voilà des disparités essentielles des sexes. Leur conciliation n'offre d'autre difficulté que celle de circonstances.

VIII

DE LA PERVERSITÉ

*La perversité ne parait pas dans la nature :
elle y est pourtant.*

*Voyez que dans un champ les plus mauvaises
herbes plongent les profondes racines et
étouffent les excellentes, au mépris de la
hiérarchie.*

*Chez l'homme, la volonté aussi s'accuse d'autant
plus forte qu'elle tend au mal : ou le mal
nait-il de sa tension illégitime, exagérée ?*

La perversité contredit, charnellement à la polarisation des sexes ; moralement à l'harmonie qui
est la loi des âmes ; et spirituellement, à la charité
qui est le centre des rapports spirituels.

Toute sensation unisexuelle est plus qu'un péché,
un vertige de folie et de mort.

Toute influence qui tend à corrompre la sensibilité ou seulement à ravaler un être plus bas
qu'on l'a rencontré, toute volonté d'abaisser une
autre volonté. sont des perversités.

Le vice commence à la sensation sans amour, et

s'approfondit à mesure qu'on descend les degrés de la bestialité : la perversité exactement, signifie un dessein médité et subtil qui complique et aggrave le vice.

Il y a une vraie confusion sur ce chapitre. Une femme dira d'un homme qu'il est pervers, sans lui nuire, sans le mésestimer. Parmi les vicieux, le pervers est l'ariste, qui choisit ses sensations, qui les pousse aux raffinements, qui les blasonne d'une fantaisie toute personnelle. Le diable lui-même serait gêné pour trancher la question.

Essayons de la poser.

Est ce pis de se plaire à la luxure la plus animale en ses modes, où de rechercher des complications et de faire du contre-point sur la portée érotique ?

Sincèrement, un théologien seul se permettra, par ignorance du sujet et assurance de fonction, un avis formel.

L'égoïsme et plus encore la méchanceté sont plus odieux en amour qu'en toute autre sphère. Séduire, c'est-à-dire détourner quelque être de sa norme ou de sa destinée, constitue une perversité damnable : mais à qui sert de suivre l'exemple des casuistes et de cataloguer des péchés ?

La perversité transgresse la Norme, et en amour la Norme est de ne faire à autrui que ce qu'on voudrait qu'il nous fît.

On appelle Sadisme, du nom d'un érotomane

que Napoléon envoya chez les fous, le plaisir basé
sur la douleur d'autrui, et Masochisme, le cas d'un
écrivain juif qui se faisait battre par sa femme.
Ce sont là des hideurs, mais qui se nommeraient
aussi bien Néronisme.

La cruauté, qu'elle fasse couler du sang ou des
larmes, crie vengeance au ciel.

« La femme assassinée » de Baudelaire est une
mauvaise action, lecture malsaine et autrement
damnable que les pièces condamnées.

C'est une des très rares choses qui soient d'un
grand art et d'une inspiration criminelle.

Si les vrais poètes trouvaient l'écho légitime, ils
ne chanteraient jamais contre la Norme ; mais
ainsi ils se vengent d'une société où il n'y a place
que pour des habiles ou des malhonnêtes. et
ils donnent au mal le terrible prestige de leur
génie.

Si la perversité est le fait de détourner (littéralement de tourner ailleurs) une activité, je n'en vois
pas de plus générale que de faire de l'amour un
désordre et de la volupté un vice, ou bien de
qualifier l'amour de péché et la volupté de perdition.

Car, des deux côtés, il y a erreur ; et les docteurs
de la vertu, comme les libertins du siècle perver-
tissent la notion passionnelle.

Le but de l'amour est l'harmonie entre deux
êtres, pour qu'ils se complètent : et le but de la

volupté est d'apaiser le désir, non pas le sexuel seulement, mais l'ensemble des concupiscences.

On peut opérer son salut autrement : mais la façon générale est telle.

Chaque fois qu'on s'oppose au but de l'amour, on agit en pervers, et autant le clerc qui en détourne, que le ruffian qui pousse à la débauche.

La logique esthétique, faite de divination, absout la passion en raison de sa force : la morale doit l'imiter.

Deux amants périssent ensemble : ils forniquaient dit le clerc ; ils aimaient dit le laïc. Il faut que la fornication ne soit pas synonyme d'amour. Tout ce qu'on a dit et tout ce qu'on dira de notre faiblesse, de ses dangers est vrai ; mais nous n'avons pas d'autre réconfort, ni d'autre salut.

Quand Bossuet, après les Pères, prodigue ses effets sur la vanité des passions humaines, sur la folie de chercher sa paix dans la créature, il nous la baille belle ! Nous sommes des hommes, et nos passions ne sauraient être différentes de nousmêmes, et ce que nous cherchons dans la créature le trouverions ailleurs ?

L'amour de Dieu ! En quoi empêche-t-il l'autre amour ! L'amour du prochain ! c'est l'amour même. Que chacun soit la destinée d'un autre être, et voyez quelle paix s'établit dans l'humanité formée en couples passionnés. Il n'y a qu'un point où le théologien a raison, celui où il accuse la faiblesse de notre cœur, son inconstance. Oui, il faut que Dieu trouve sa glorification dans notre cœur, il faut que nous le cherchions dans nos penchants même : enfin que l'amour ne soit que le moyen de notre immortalité, et que nous le considérions comme une société éternelle. On n'atteint pas à une telle hauteur aisément ; et l'ayant atteinte, on ne s'y maintient pas constamment. En est-il autrement dans l'ascétique ? Le salut ne se forme-t-il pas d'une suite de victoires, c'est-à-dire de combats ; et le supplicié du Caucase dont l'aigle dévore chaque jour le foie, chaque soir renaissant, ne figure-t-il pas l'homme, forcé à un perpétuel effort pour redresser sa volonté épuisée, sous les coups du Destin.

Abominables sont les vices : mais l'amour est la vertu génératrice par excellence et l'amour embrasse d'abord ce qu'il trouve à la portée de ses bras ; l'amour doit aboutir à Dieu, je le crois, par le chemin de la créature ; et ce dernier point, l'enseignement religieux le pervertit.

Aimez la Beauté d'abord, cette beauté sensible que vos yeux reconnaissent. Plus tard vous découvrirez la beauté, plus cachée et plus subtile, de l'âme ; enfin celle suréminente de l'esprit, et la chair deviendra Verbe, et à cette transfiguration l'amour se métamorphosera en charité. Cette voie, je l'appellerai naturelle ; il est pervers d'en indiquer d'autres.

Comment, dans le domaine de l'art, tant d'études et de méditations s'imposent pour comprendre les chefs-d'œuvre ; et on veut que nous passions les étapes d'un trait ! nous tomberions à genoux, devant l'Absolu, au premier mouvement. La perfection divine ne s'aborde pas plus aisément que la perfection esthétique : et c'est perversité de nous enseigner une voie, où on ne nous fournit que des exemples anciens et à moitié mythiques.

Dire à un pauvre pêcheur : « voyez donc comment vivait François d'Assise » c'est une plaisanterie sacerdotale du même goût que d'apostropher un rapin par cette formule : « Mon ami, voyez donc comment Léonard dessinait. »

Les voies du saint et du génie sont secrètes et c'est un péché, de les proposer à tout venant.

L'idéal a deux aspects, le rêve et la réalisation. Aucun de ceux que nous vénérons n'a réalisé son rêve d'idéal. Les traités de mystique disent, comme le traité de peinture, que celui qui est content de son effort ne progressera pas. Proposons-nous des buts réalisables : le perfectionnement par l'amour s'offre. Rien ne peut lui être comparé, pour la logique et la sûreté des résultats.

Moraliser, purifier, élever l'amour, voilà le bon propos. A quoi bon le diffamer ?

Et encore faut-il s'entendre sur la morale réelle qui n'est pas celle du séminariste ; sur la pureté vraie qui diffère de celle du confesseur ; sur l'élévation qui ne consiste pas à refréner une tendance légitime mais à l'ennoblir.

« Pour éviter l'impudicité que chaque homme ait sa femme » cette expression de saint Paul répondant aux Corinthiens a été cause d'une suite extraordinaire d'erreurs. Si la femme ne correspond qu'à cela ! si on ne se marie que parce qu'on brûle, si le mariage n'est que la *petite affaire* (traduction argotique d'impudicité) que devient l'Amour ? A quoi le réduit-on ? comment le nomme-t-on ? Chaque époux n'est pour l'autre que le *remedium concupiscentiæ*. On ne se nourrit pas de remède, et on n'envisage pas toute la vie sous le seul aspect de quelques minutes spasmodiques. Saint Paul pervertit la notion amoureuse dans son obsession du péché à éviter, à tout prix.

« Celui qui n'est pas marié, s'inquiète des choses du Seigneur et des moyens de plaire au Seigneur, et celle qui n'est pas mariée s'inquiète des choses du Seigneur. »

Quelle étrange façon d'écrire, quelle affirmation téméraire. Le célibataire peut s'inquiéter des choses du Seigneur, comme un homme de loisir peut devenir un savant, comme un homme riche peut faire du bien ; mais si chacun faisait ce qu'il peut, la terre serait un paradis et c'est un enfer : donc les potentialités sont des non-valeurs, sans la volonté.

Mais l'erreur la plus grave, c'est la contradiction que l'Apôtre établit entre les choses du Seigneur et l'amour sexuel. Que sont les choses du Seigneur ? La prière. Mais si sainte qu'elle soit, elle n'égale pas l'action de charité. Au verset 38, il y a une énormité « celui qui marie sa fille fait bien, celui qui ne la marie fait mieux ». Voilà bien un propos clérical et damnable. « Si ta fille a la vocation du mariage marie-la, si elle a celle de la virginité ne la marie pas ». Car un être s'appartient à lui-même ; et ses devoirs même filiaux ne vont pas jusqu'à l'abdication. On a dû se servir de ce verset 38, pour cloîtrer bien des pucelles.

Les choses de Dieu, ce sont ses lois : et on ne lui plaît pas par des inventions bizarres, mais par l'accomplissement de sa volonté qui est écrite dans nos tendances et facultés.

L'esprit religieux a perverti la notion amoureuse ; il faut lui rendre son rang et sa dignité.

Je sais que l'homme tient mal les milieux et qu'on tire plutôt de lui de l'héroïsme que de la sagesse, des choses excessives que des tempérées : mais je sais aussi que le mariage est un pacte qui porte sur d'autres points que l'impudicité. L'apôtre exclusivement occupé de la fornication précise l'obligation du devoir conjugal « le corps de l'homme appartient au mari, le corps de la femme à l'homme ».

Et l'âme, et l'esprit ! il n'en est pas question.

Cependant le corps, sensuellement, ne sert qu'à réaliser la volonté de l'âme et la conception de l'esprit.

Toute contradiction aux lois créatrices est perverse, et on en trouve de très nombreuses, même chez les saints ; mais quand on dépasse le commun devoir, on ne relève plus du droit commun. Pour les théories et l'enseignement, c'est autre chose ; et la perversité se manifeste, chaque fois qu'on propose à la majorité des êtres un idéal intangible pour eux et qui au lieu de les sauver, les égare. Les clercs en proposant leur propre idéal au siècle l'ont induit en erreur, car le siècle a ses vertus propres qui sont nécessaires à la vie familiale et sociale et dont on ne doit pas le distraire.

Quand on pense que Léonard de Vinci a été censuré parce qu'il dessinait le dimanche, on se méfie des recteurs, même les mieux intentionnés : car nul homme n'a rendu un aussi bel hommage au créateur que celui qui a tant étudié son œuvre et avec quel enthousiaste respect !

Ce prêtre qui défendait le jour du Seigneur contre l'œuvre divine du Vinci était inconscient, comme l'autre qui s'obstine à voir dans l'amour la Bête à deux dos, au lieu du radieux désir ascensionnel des êtres.

On a perverti la notion amoureuse, en l'immolant à des prétendus intérêts du foyer et de la so-

ciété : on a enseigné et cru, que le mariage tien-
drait la place de l'amour, et l'individu insurgé
contre cette tyrannie a rejeté toute morale :
l'amour dès lors est vraiment devenu synonyme
de péché, comme celui qui n'a plus de place dans
le cadre social, passe à l'état de réfractaire.

De l'instant où l'éternel Eros recevrait la part
qui lui est due dans l'économie humaine, il per-
drait aussitôt son caractère insurbordonné.

Qui ne connaît ce prodigieux final de l'Orestie
ou Athéna et Apollon désarment les Euménides,
en leur donnant un temple et des honneurs légitimes.

Eros poursuit nos évolutions et nos mœurs de
ses flèches sifflantes : on pourrait le désarmer, si
on accueillait l'éclat de sa torche, au foyer devenu
si froid et si sombre.

IX

DU TEMPS

*Il y a des vertus et des vices d'époque, qui
s'ajoutent à nos vertus et à nos vices.
Quels caractères que ceux du passé, mais quelle
implacabilité. Nous sommes plus ennemis de
la souffrance mais aussi quelle faiblesse !*

Un esprit est le total de ses lectures, un cœur le
total de ses émotions, un amour le total de la vie
antérieure, quoique ce mot emprunté au domaine
numérique soit mal à sa place, pour désigner une
disposition et sa dominante.

Chacun de nous, sans être Achille, a reçu les
leçons d'un Centaure, sous la forme abstraite du
livre et les thèmes de son existence sont ceux-là
que Chiron a développés.

Nos déceptions viennent de nos comparaisons,
avec nos lectures, avec l'heur apparent d'autrui.
Il est inévitable que nous apportions le souvenir
de nos lectures dans nos passions, surtout à leur
origine : et aussi que nous éprouvions des mou-

vements d'envie, en voyant posséder par autrui l'objet de notre désir. Du moins, il faut se défendre de l'exemple contemporain, comme de la pire peste : en amour, il faut être personnel et secret.

L'autonomie de notre sensibilité ne l'abdiquons jamais, quelques grimaces que la vie nous impose ; et la grimace sociale lui servira de casque enchanté et la rendra invisible.

Il y a autant d'impertinence à se montrer individuel que d'impudeur à être sincère avec tous. L'armure noire seule remplace un éclatant blason.

Il y a de l'inconvénient à dire que le mérite ne sert qu'à perdre un être : cela est vrai pourtant. L'envie, avec la cruauté, forme notre fond : le mérite insulte à la médiocrité, autant dire à tout le monde. Pour convaincre les optimistes, il faut pousser les traits à la précision.

Personne ne déteste le mérite en soi, abstraitement ; et tout le monde trouve l'homme de mérite insupportable. Il l'est d'ordinaire, en ce sens qu'il contredit au train des choses.

Pourquoi l'honnête homme se trouve-t-il au ban de la société ? Qui l'y a mis ? Qui l'y maintient ? Lui-même, car sa manifestation offense la majorité des citoyens.

Si les médiocrités n'étaient pas « légion » elles ne seraient pas. L'hydre fabuleuse a de nombreuses têtes, la bêtise n'en a point : on la blesse, on ne la terrasse pas.

L'honnêteté s'accompagne de pacificité et le genie de dédain ; il faut qu'ils échouent, parce que, ni l'une, ni l'autre ne veulent besogner et coup férir.

Quel moyen de juger, sans déplaire à une partie, surtout si on a raison ? Le silence est toute l'habileté du sage ; les hommes ne veulent entendre que certains avis qui changent suivant les époques, et qui bercent l'opinion qu'ils professent d'eux-mêmes.

Ne prendre jamais son époque à témoin, c'est s'assurer contre mille maux, qui ne naissent que de notre souci d'un tel témoignage.

On ne meurt pas d'envie : mais cette passion nous domine niaisement. Nous nous mettons à désirer un succès, un honneur, un plaisir ; et si nous l'obtenons à grand'peine, quel étonnement qu'il ne nous cause point de joie ?

Il y a des raisons diverses à cela : la première est puérile. L'enfant ne pensait pas aux fruits ; un camarade en mange et sitôt il souffre de n'en point avoir. La seconde est plus générale : notre désir s'épuise aux efforts même de sa satisfaction.

Le soin des éducateurs de créer l'émulation entre les enfants est de bonne psychologie : quel homme se laissera prendre au même piège, lorsque l'Etat le lui tendra ?

Dans toutes les voies, une grande duperie se trouve à l'aboutissement ; nulle part, elle n'est si humiliante que dans le civisme.

L'initié ne veut bien mériter que de lui-même ; en acceptant une sanction sociale il se laisserait domestiquer. Au for intérieur, il ne laissera donc pénétrer ni la loi, ni l'opinion : « Mon Dieu et ma mie » la belle devise et plus philosophique qu'elle ne paraît ! Toutefois, on ne doit pas se dissimuler que c'est offrir une double poitrine aux coups du destin que d'aimer ; et qu'il ne faut pas rougir de craindre la souffrance, mais seulement de mal la porter, quand elle devient inévitable.

Il n'y a pas de hasard : seulement, des effets, dont nous ne saisissons pas les causes.

Il n'y a pas de Providence : quoique il y ait des causes dont nous voyons les effets.

La création témoigne du Créateur, et nous ne sommes qu'une faible partie de l'être ; nous ignorons tout de la série spirituelle, qui existe au-dessus de nous.

Mais sur tous les points, le libre-penseur a grand avantage à agir, de concert avec le croyant.

Il vaut mieux être un sage, un juste, qu'un pervers et un méchant ; quoique la sagesse, ni la justice ne nous garantissent de rien en ce monde.

C'est une chose si forte que la conscience ! Les génie sont trouvé, en elle, un contrepoids à tous les maux.

Venus en ce monde pour l'enchanter et méconnus par ce monde, il leur a suffi de se connaître pour ne pas désespérer. Il faut que l'amour reste circonscrit dans l'orbe de la conscience.

Heureuse la passion qui naît en dehors des faux prestiges mondains, qui n'emprunte rien à la vanité.

Les Pères nassent dans cette épithète toutes les choses, sauf les divines : je ne l'entends que du monde, de la collectivité mondaine.

Un baiser, une nudité ne sont point des vanités, mais d'excellentes et belles et graves réalités.

L'opinion de son clan, de sa ville, de son pays, voilà la vanité : il n'en faut prendre que ce que commande la paix.

Ne laissez aucun profane regarder dans votre intimité ; une tentative de bonheur c'est une conspiration : qu'elle soit secrète, pour réussir.

Si la passion naît dans des circonstances de mondanité, il faudra la purifier, en s'écartant de ce point de départ.

L'envie étant la plus forte des passions et de tous les âges et de toutes les conditions, il convient de ne pas la provoquer : un envieux est un ennemi et nous savons que l'hostilité n'a pas besoin d'actes pour s'affirmer.

J'engage, de toute l'autorité qu'on m'accordera, à réagir contre les mauvais prestiges de la toilette et à s'abandonner à ceux magnifiques et purs de la nudité.

La pudeur ne sera jamais assez grande, assez scrupuleuse, assez complète envers tous et hors de l'amour.

Elle n'a plus de raison d'être envers celui, que l'on aime. On doit s'armer contre les vices du temps comme on se garde des contagions morbides : or, le vice du xxᵉ siècle, c'est le chiffon où s'accroche le désir de l'homme.

Il faut aimer la chair, la forme de cette chair, sa couleur, et dédaigner la chemise et son tissu, et sa dentelle et ses rubans. C'est avilir la luxure que d'y admettre, comme excitants, des oripeaux.

Le couple, quel qu'il soit, qui aura pris un goût vif pour la nudité, se trouvera dans des conditions privilégiées de constance, de paix et de plaisir.

Si un homme est sensible à l'élégance du costume, il n'ira pas, une fois, au théâtre ou dans le monde, sans être impressionné. Fort épris, il regrettera encore de ne pouvoir attifer l'Aimée, comme telle qu'il a aperçue.

D'autre part, la femme, aux mêmes circonstances, souffrira de son infériorité extérieure : et son humeur sitôt assombrie gardera le reflet opprimant du dédain des autres femmes, et une inquiétude sur le sentiment qu'elle inspire.

Dans une société, où il faut être à la mode, et où

aucun prestige ne remplace cela, le bonheur dépend en grande partie du budget de toilette !

L'Amour est aveugle ! Allons donc ! Il n'est que visionnaire, il agrandit et colore ce qu'il regarde, mais il voit, et surtout sur le plan spirituel.

A chaque pas, nous rencontrons des malheurs qui sont nés de l'amour. Des êtres se sentent fatalement attirés vers un être néfaste pour eux seuls ; chaque matin, le journal a une rubrique des crimes de l'amour ou plus précisément de la jalousie. Mais tout le jeu passionnel n'égale pas en maléfices, les effets de l'opinion et le jugement du monde.

De telles atteintes empoisonnées, il faut défendre son amour. On ne juge pas ce qu'on aime ? Acceptera-t-on que les autres le jugent ?

« La plus belle qualité d'un être, » disait un des hommes les plus orgueilleux que j'ai connus « c'est d'être à moi : cela passe avant tout et cela passe tout. » D'Aurevilly avait raison. La certitude dans l'amour : quel baume pour les blessures de la vie ; quelle confirmation inestimable !

Séduire mille êtres n'équivaut pas à en posséder un seul, à le posséder, comme un Dieu ou comme un diable, sans partage, sans défaillance, de façon absolue.

« Si je te disais, en rentrant que je viens de commettre un crime. — Je déplorerais que tu te sois souillé et je t'aiderais à te purifier. — Mais ton amour ne fléchirait pas ? — Non, car l'amour absout tout ce qui ne l'offense pas lui-même. » Ce bout de dialogue donne la mesure du souverain mépris qu'il faut, non manifester, mais entretenir secrètement pour le jugement d'autrui.

Qu'est-ce qu'un être libre ? Celui qui porte toute sa pensée entre ses deux sourcils, et ne s'appuie jamais à l'opinion, cette ennemie de toute supériorité réelle.

Accepter l'opinion, c'est se reconnaître son justiciable. Il faut lui opposer un masque dans le même but qu'on le prend en carnaval, pour se donner des licences.

De même que la personnalité, qui sait se taire, s'augmente de tout son silence et de tout son secret, le couple qui sait se dérober à l'inquisition mondaine verra sa conscience se développer et prendre une amplitude imprévue.

Loin du monde railleur, loin de la foule impure, il faut cacher sa passion, pour qu'un souffle froid ne la flétrisse, pour qu'un contact lourd ne la salisse. Point de vanité, en amour, au nom de l'orgueil ! La pudeur du sentiment profond doit dépasser celle du corps. On doit aimer secrètement parce que l'amour heureux a un ennemi redoutable, qui s'appelle tout le monde.

Aimer hors du temps, sans confidents, sans complices, c'est doubler ses joies, en y ajoutant la saveur du mystère.

Le bonheur paraît toujours immérité, parce qu'il l'est d'ordinaire ; et comme l'envie jette un mauvais fluide, il faut cacher son bonheur dans le monde, comme on fait pour la chaîne de sa montre dans les foules. N'excitez ni les chiens, ni les hommes, si vous voulez la paix.

Il faut être de son temps, dans le sens de la simagrée, comme on met des babouches sur ses souliers, en entrant dans une mosquée.

Les manières forment les trois quarts des mœurs : et qui se singularise ameute contre lui la totalité des sots. On n'aime l'originalité que chez les morts, parce qu'elle amuse et n'offense plus.

Nous vivons, sans connaître les lois de la vie : mais la science nous a avertis de plusieurs dangers. Nous aimons, sans posséder les lois de l'amour ; mais l'expérience nous met en garde contre divers périls. Que ces quelques points d'avertissement nous inspirent la prudence, la plus sûre convoyeuse d'une destinée.

A chaque grain qui coule dans le sablier, nous allons à la mort, l'initié va à l'éternité ; il n'évite pas la catastrophe, mais il en atténue l'horreur, il a une torche dans les ténèbres et une certitude au milieu de l'angoisse. Les thèmes de notre sensibilité, voilà les vraies richesses ; si ces thèmes sont tellement personnels que le détestable autrui ne les puisse entendre.

Ce serait mal saisir le conseil de cette page

de l'interpréter en exhortation à la sauvagerie ; il ne s'agit, ni de fuir les hommes, ni de les haïr, mais de les considérer comme naturellement malfaisants, et de leur échapper, comme Ulysse échappe à Polyphème, en se couvrant d'une peau de bête.

D'ordinaire, on ne redoute que l'ennemi qu'on s'est fait et qui se déclare : le plus à craindre est l'anonyme, le collectif qui agit avec l'implacabilité et l'inconscience d'un élément.

Le danger pour l'honnête homme s'appelle la loi ; l'ennemi, tout le monde.

« Hors du temps » devise mystique, exagérée, seulement décorative ; « hors de son temps » excellente formule qui exprime non la combativité, mais le désintéressement de l'éphéméride.

Les modes, ces successions de changements ridicules dans l'extériorité, comportent des inepties plus graves et qui engagent notre sensibilité. Comme les couturiers conspirent par métier contre la beauté naturelle du corps ; les écrivains de mœurs forcés à donner des aspects imprévus tiennent chaire de modes, pour l'amour.

On dit « l'amour romantique » et tout le monde entend. De telles contaminations, il faut se défendre constamment et se remémorer sans cesse que le désir a son but dans l'au-delà ; pour ce qui n'est point de principe, il faut suivre sa tendance

qui vaudra toujours mieux que la générale, puisque
l'amour n'a pour effet que de favoriser notre
affirmation : et que la moindre attention à l'opinion de notre temps nous rendrait justifiable de
son indignité ou de sa folie.

X

DE LA GLOIRE

*La gloire, c'est d'être aimé, dans sa personne
d'abord, dans sa pensée ensuite.*
*Le seul laurier que vaille, hors de celui qui
couronne votre front vivant, c'est l'acte
d'amour qu'à travers les siècles on fera en
votre honneur, en revivant vos passions et en
se passionnant pour votre personne.*

La morale n'est autre chose que la beauté des
passions, si on entend la beauté au sens de perfection et d'harmonie.

Les moralistes s'élèvent contre elles et invoquent
la règle, ici celle des nomades hébreux, ailleurs
celle d'ecclésiastiques entêtés de leur caste.

La morale religieuse consiste en une sanction
sacramentelle : point de sexe avant le sacrement,
point de sexe en dehors du sacrement.

Le sacrement ne donne pas l'état de grâce, si le
prêtre bénit deux vanités, deux coffre-forts ou
deux concupiscences. Nul canon ne s'oppose à
l'union d'un vieillard et d'une vierge.

Si la morale consiste dans la beauté des passions, le sacrement consacre souvent la pire laideur.

La société ne réclame que la légalité de l'union : le maire, pas plus que le prêtre, n'est bon garant de la morale.

Leurs sanctions restent secondaires à la Norme céleste.

La morale sexuelle c'est l'amour ; parfaitement beau, dès qu'il se manifeste unique et durable : l'immoralité c'est le non-amour, irrémédiablement laid, même si le curé et le maire y ont passé. Par quelles dispositions morales, l'église bénit elle la vente de la vierge au vieillard et le trafic du jeune homme avec la vieille coquette ; le plus souvent, elle lie indissolublement des écus et non des époux.

L'irrévocabilité d'un choix passionnel n'a pu être conçue que par des célibataires : et le divorce n'est pas seulement un droit de l'individu, c'est aussi la seule garantie des mœurs.

Au risque de scandaliser, la vertu c'est l'amour et non le mariage, quoi qu'il soit sa sanction logique et fatale.

De vrais amants l'emportent en vertu et en dignité sur des époux ordinaires.

Pour reconnaître un tel droit à l'amour, il faut lui imposer un devoir égal, c'est-à-dire le concevoir avec toutes les honnêtetés.

Sur les principes, beaucoup de gens se gendarment, et crient avant d'avoir compris. Ça leur est une occasion d'affirmer leur propre vertu.

Aucun esprit réfléchi et bien intentionné ne vantera l'amour libre, qui a tout l'air d'une épithète nouvelle pour la galanterie, puisque cette doctrine prévoit le changement et l'admet, sans même le déplorer.

Les amants, qui ne peuvent se marier et qui ne le font pas, ont tort : mais ceux qui se marient sans s'aimer sont encore plus coupables : voilà le seul point ici défendu.

La convention, pas plus sociale que religieuse, ne tient lieu de la réalité du sentiment : et la grâce du sacrement y échoue.

L'indissolubilité d'une passion est une conception idéale ; et l'idéal se trouve bien au delà du devoir, comme la sainteté est au delà de la dévotion, et le genie au delà de la culture.

Un mariage sans amour est une faute et il n'y a aucune excuse à persévérer dans le péché. On a cru et on enseigne encore que l'intérêt social implique le sacrifice de l'individu à un ordre apparent.

Le propre du sacrifice est d'être volontaire, et si on l'inscrit dans la loi, il change de nom.

Si tant d'esprits séparent le bonheur de la vertu, c'est à n'en pas douter, qu'on leur a proposé quelque marché de dupe, comme *l'uxor in æternum*.

Sur les thèses, l'opinion crie bien haut. Le divorce semble la perdition du foyer : mais que serait donc le foyer où la haine serait assise, militante, agressive à toutes les heures de la vie ?

La Cour de Rome admet comme cas d'annulation l'erreur sur la personne physique, mais non celle, sur la personne morale !

Si le Silvio, d'*A quoi rêvent les jeunes filles* avait épousé Ninette, croyant épouser Ninon, le mariage serait annulé de droit : s'il avait épousé, sans le savoir Monna Belcolor la courtisane, des *Marrons du Feu* il lui serait interdit d'aimer avant la mort de ladite courtisane : il devrait faire vœu de chasteté.

Quelle étrange proposition que celle-ci : « si tu trompes dans le choix de ton compagnon d'existence, tu subiras jusqu'à ta mort, la conséquence de ton erreur ».

Or, il y a mille raisons de se tromper dans un domaine aussi prestigieux et hallucinatoire. On nous remet tous les péchés, et on ne nous remettrait pas une erreur !

Ce désir sexuel, si exécré des clercs, recevrait du sacrement une telle définitivité ! Ce serait l'abolition des lois du devenir et des plus sacrées.

Les clercs ne nieront pas leur enseignement : la

vie terrestre doit être la préparation à la vie éternelle : et comme celle-là ne comporte point d'hommes ni de femmes, mais seulement des couples revenus au point initial où Eve était Adam, où Adam était Eve, le mal marié devrait renoncer à chercher et à trouver sa moitié, cette partie de lui-même dont la découverte et la rencontre en ce monde constituent un avantage incomparable et d'un effet sans limites.

La règle qui contredit à l'idéalité est fausse ; et les clercs, dans un temps plus ou moins rapproché abandonneront leur théorie matrimoniale. Elle est basse et ferme brutalement les horizons qu'elle devrait ouvrir.

Point de sexe avant l'Amour ; point de sexe hors de l'Amour. Ainsi commande la vraie vertu, celle qui se propose le bien de chacun, et qui n'agit point en simple police ou gendarmerie.

L'Eglise ne se trompe pas, en souhaitant l'unité et l'indissolubilité : c'est bien cela qu'il faut rendre *Unus cum una in æternum*. Oui, c'est peu de s'unir pour le temps, il faut concevoir l'éternité de l'amour : c'est le chef-d'œuvre du désir.

Mais on ne fait pas des merveilles d'abord, sans maladresses, sans tâtonnements, sans beaucoup d'études et de déceptions.

Qu'aucun ne se figure qu'à son premier bal, il fera la rencontre shakespearienne, vierge, de Roméo, jeune homme, de Juliette ; qu'aucun ne se figure même que cette rencontre est probable et doit avoir lieu. Autant se promettre la fortune, la gloire, la puissance ; mais il faut tendre à la perfection, en amour comme en art.

Celui qui s'efforce à réaliser de la beauté se propose la gloire, puisqu'elle naît de cette réalisation. Il importe de rechercher ce que l'idée de gloire devient sur le plan du désir. L'artiste reçoit son laurier de la main des hommes, soit qu'on le couronne au Capitole, soit qu'il conquierre les esprits, l'un après l'autre, par les joies qu'il leur offre. L'amant reçoit son mérite de la main d'une femme, à l'insu du monde, sans témoin, sans écho, dans le silence de l'intimité.

Quelle gloire que celle qui n'emprunte rien à l'opinion, qui se forme dans le secret, qui s'épanouit loin des regards et quoique réelle et faite d'éléments ordinaires, s'élève si au-dessus du temps. Tout se passe dans la conscience.

Aimer une reine c'est bien une idée de laquais, si ce n'est point celle d'un ambitieux.

La main qui tient le sceptre peut être charmante, la tête couronnée aussi pleine de pensée qu'une autre : mais un tel amour ne sera jamais pur, l'accessoire et le décor y ont trop d'importance.

Etre roi, roi d'un être, voilà une conception plus simple et plus haute. On crée de la dignité au lieu d'en recevoir : un seul devient comme un peuple enthousiaste, fanatique. Que l'on ne sourie pas trop vite !

Si la fortune le voulait, si une aventure aboutissait à un trône, que ferait-on de sa puissance, pour en jouir ? On imiterait Salomon, chantant la Sulamite.

Le seul bénéfice à tirer du spectacle politique c'est de toucher du doigt l'inanité des honneurs et l'ennui des fonctions, c'est de renforcer les motifs individualistes et de nous écarter des basses œuvres sociales ; et de l'instant où le suffrage de nos concitoyens nous apparaît plutôt dépréciateur que glorieux, nous n'avons plus que l'amour comme ambition.

Toutefois, la gloire amoureuse ne résulte pas d'une attraction même fort vive, mais de sa fructification, de l'ennoblissement de notre sensibilité.

La vérité participe à la monotonie du soleil, qui revient tous les jours faire son œuvre de chaleur et de lumière : l'amour est un but pour la volupté, mais le but de l'amour est au-delà, dans une sorte de transfiguration du couple, que l'individu réduit à lui-même ne saurait atteindre.

Lorsque le Dante dit admirablement : « Nous sommes les vers nés pour former le papillon éternel », il indique la misère du départ, des vers les plus pauvres êtres ; et la splendeur de l'arrivée, *la farfalla* éternelle.

Si ce sublime initié avait dévoilé le mystère

qu'il connaissait, il aurait indiqué que le papillon
céleste a été non pas le fils du ver de terre, mais
le prodigieux engendrement des deux animalcules
qui ont formé ensemble la chrysalide d'où jaillit
l'unique et radieux papillon. N'a-t-il pas révélé
sa pensée dans cette radieuse figure qui traverse,
toujours plus éthérée et rayonnante, la Vita Nuova,
la Comédie et le Banquet. Il y a trois Béatrice
« J'affirme que la Dame dont je suis devenu
amoureux après mon premier amour fut la fille de
l'empereur de l'univers » et ailleurs « ma Dame est
cette lumière puissante dont les rayons font rever-
dir les fleurs et fructifier la véritable noblesse de
l'homme » (1).

Béatrice Portinari, qui fit au poète un si doux salut, est la même qui devint la théologienne de l'Enfer et la philosophe du Banquet.

En ce temps il était dangereux de s'écarter de la
notion exotérique, et comme plus tard Rabelais
dira des bourdes et mystifiera (fera œuvre d'initié)
par des éclats de rire, Alighieri emploie des subti-
lités et des pédanteries, et dépiste de cette façon
les inquisiteurs.

Alors, il eut été dangereux de prôner la philosophie comme meilleur guide que la théologie ;
et cependant l'amour, s'il veut accomplir sa plus
haute destinée doit suivre un autre sentier que ce-

(1) *La doctrine du Dante,* (Sansôt).

lui de la foi, parce que cette dernière est la grand'
route de la vérité, comme il convient pour que l'humanité y marche en masse ; tandis que l'individu
seul prendra un raccourci abrupt et périlleux
pour s'élever plus vite.

Béatrice n'est pas une entité abstraite, mais l'évolution d'une même figure, dans les trois degrés de
la perfection.

Si une femme avait pu concevoir les poèmes de
Dante, elle aurait célébré dans la *Vita Nuova* un
charmant jeune homme, dans la Comédie un mystique et dans le *Convito* un philosophe, à condition de traduire le mot et de dire un amant de la
sagesse.

Nous touchons au point merveilleux de la doctrine où l'amour se confond avec la sagesse, où ne
distingue plus entre eux, où la raison et le désir
s'harmonisent, en un accord merveilleux.

Il y a eu, avant la Renaissance, une véritable
philosophie de l'amour. On pourrait l'établir do-
cumentairement : elle est née de la passion dit che-
valeresque que chantèrent les troubadours et sur
lequel, les historiens se trompent, l'un d'après
l'autre (1).

Dégagée de ses voiles épais et prismatiques, cette
théorie consistait à chercher la perfection morale

(1) *Le Secret des troubadours : De Parsifal à Don
Quichotte (Sansot).*

et spirituelle dans l'élévation de la sexualité ; et le présent ouvrage n'est pas autre chose, que la transcription, en langage moderne, de cette très ancienne initiation qui ne fut que le partage d'un très petit nombre d'élus, à travers les temps.

Persuadé que nul ne comprend que lui-même, c'est-à-dire que chacun a pour limites sa propre personne, je n'éprouve aucun souci à jeter, au hasard de la lecture, un secret, qui ne prend sa vertu que de celle du prédestiné. Les anciennes aristocraties, je ne parle point de celle qui charma Versailles et Trianon et qui avait tout oublié, ont eu, pour principale force, cette science d'amour, qui forma des hommes et des femmes d'un tel mérite que leur ombre dépasse notre lumière. Ceux-là connurent la gloire de l'amour, qui est le plus brillant reflet que l'éternité puisse projeter dans le temps.

XI

DE L'EXPIATION

*Expions nous le péché d'Adam ? Cela répugne
à la justice.*
*Expions nous notre imperfection? Cela con-
tredit à la miséricorde. Si la Nécessité ne
nous poussait, que ferions nous ? Rien.*
La douleur se trouve légitimée, par cela même.

Le péché originel n'est qu'autre chose que l'imperfection de notre origine. Sur le plan de l'être l'homme occupe un degré indivis entre l'animal et l'ange; il subit à la fois l'attrait bestial et l'influx divin.

Admirable sujet pour les arts du dessin que le premier péché ! Qui n'a présent à l'esprit le caisson de la Sixtine, la voussure des Chambres ?

Qui expliquera le verset 25 ? « L'homme et la femme étaient nus et ils n'avaient point de honte ». Cette idée ne correspond pas à une rédaction primitive, à moins de l'interpréter « Adam et Eve étaient nus (*de mérites*) et ils ne s'en apercevaient pas ».

Un animal des champs, le plus rusé persuada la femme, pour sa perte. Etrange animal des champs que celui qui parle métaphysique et joue avec les antinomies du bien et du mal.

Plusieurs fois, j'ai traité du péché originel m'efforçant, avec une grande révérence, de découvrir la pensée mosaïque. Ce serpent, qui tient les discours d'un étudiant allemand, figure, sous ses couleurs ophidiennes, un mystère cosmique. Après avoir mangé du fruit défendu, Adam et Eve eurent honte de leur nudité : ils se mirent des ceintures de feuilles de figuier au VIIᵉ verset. Au XXIᵉ l'Eternel leur fait des habits de peau et les en revêt, la pudeur a commencé avec l'humanité ; le dirait-on, sans sourire.

Adam, à l'appel du créateur, répond : « J'ai eu peur parce que j'étais nu — Qui t'a appris que tu étais nu ? gronde l'Eternel ? Tu as donc mangé du fruit défendu ? »

Suivent la malédiction sur le serpent et sur l'humanité, arrêt terrible, sans proportion avec le crime, mais qui énonce clairement l'obligation de l'effort et la fatalité de la douleur.

Qu'est devenu Nashah le serpent ? Son rôle a-t-il fini à la chute du premier homme : ou bien ce rôle le joue-t-il, dans la vie de tout homme ? Le diable médieval ici montre ses cornes et nous rebroussons chemin plus sceptique qu'effrayé.

Ces images habillent des vérités : elles les voilent et malheur à celui qui aurait le dangereux génie de deviner. Il n'y a que les très jeunes esprits et les hallucinés qui poussent la témérité jusqu'à foncer sur le mystère, insaisissable par son essence et qui ne se révèle. que par son danger.

Notre droit va peut-être jusqu'à un point défensif Est-il permis de pénétrer dans la zone de la menace, c'est-à-dire là où le mystère s'avance vers nous et nous touche?

Que nous soyons à l'état d'expiation ou à celui d'initiation, que nous ayons à payer une dette d'espèce et de vie antérieure ou que nous acquittions un tribut de passage en ce monde, pour en atteindre un meilleur, la souffrance seule est certaine.

Pour la supporter, tâchons de la choisir : car il y a une diversité extrême pou rnos maux, et les pires ne sont pas les mêmes pour tous. Les plus vains naissent de l'envie : elle est basée sur une fausse vue de nous-même. Nous désirons ce qu'ont les autres parce qu'ils l'ont, ridicule motif ! Nous pâlissons à l'heur d'autrui, et nous pensons à la jouissance de faire envie à notre tour.

Que cela est misérable, autant que le rêve de l'adolescent, qui va droit à la femme à la mode, fut-elle laide, sotte et méchante.

Après avoir beaucoup écrit sur l'orgueil, je crois que son meilleur office est de nous affranchir de l'envie. Car ni l'or, ni la gloire, ni la puissance ne valent autrement, qu'en moyens de confirmer notre personnalité ; et quelle affirmation égale le dédain de tout ce qu'on reçoit du nombre ! Son suffrage reste conditionnel à certaines considérations bien médiocres ; et il ne vaut ni d'être conquis, ni d'être conservé.

Notre but, c'est nous-même ; et les confirmations de l'état social se soldent par une absurde dépendance.

De la maladie et de notre humeur, nous ne pouvons pas nous défendre. Nous pouvons nous affranchir du jugement d'autrui, et c'est là la véritable liberté : mais elle n'existe pas chez l'excentrique qui, à sa manière, reconnaît l'opinion, en la bravant. Il faut se libérer par l'hypocrisie, au sens grec du mot, par une comédie qui donne le change sur nos sentiments. Ils ne sont plus nôtres, s'ils cessent d'être secrets.

Lorsque j'ai écrit mon éthique, j'étais éloigné de la réalité par de splendides mirages et j'ai trop sonné, dans la corne individualiste, un thème agressif. Un livre a comme son auteur un âge, avec ce qu'il comporte de défauts et de qualités. Certes, aucune chevalerie n'est vaine, et parce que le fils de Gamuret vit un soir passer des chevaliers, il sentit s'éveiller en lui la sainte vocation. Rien ne se perd, surtout rien de spirituel : mais les éperons d'argent ne brillent plus aux talons fatigués et les prouesses ne sont pas œuvres de la cinquantaine.

C'est peut-être une élection d'entrer dans la vie en portant les couleurs du ciel, c'en est peut-être une autre de former autrui au vœu qu'on n'a pas accompli. Il ne faut pas cesser son enthousiasme, ni renier ses rêves, ni se rendre à merci, devant la destinée.

Mais, à défaut du Graal et de la Toison d'or, il convient de faire son devoir de citoyen du ciel. Il est simple à découvrir, et à formuler. Etre le rédempteur d'un autre être, en l'entraînant dans la voie lumineuse, en lui faisant cette voie heureuse. Il faut sauver une destinée pour accomplir la sienne : voilà le commandement et ayant ainsi réduit son œuvre, compenser son étroitesse relative, en l'amenant à perfection (1).

L'Amour n'a d'autre objet que nous-même : c'est-à-dire que notre désir demande sa satisfaction au ciel comme à la terre et à Dieu comme aux hommes. La sagesse nous avertit qu'un seul être nous donnera la plus vive confirmation, celui-là même, qui peut échanger avec vous un triple rapport de sensations, de sentiments et d'idées, et qui ainsi donne carrière à nos trois activités.

La paix ne résulte que de l'équilibre des facultés et de leur jeu simultané ; l'amour sexuel seulement offre une paix complète.

Est-ce à dire qu'elle se produira tout de suite, qu'elle ne sera pas troublée, et qu'elle ne courra pas de danger ?

____

(1) **Comment on devient Mage.**

Est-ce à dire que l'on trouvera l'être confirmatif, qu'on le gardera et que mêlé à lui, on s'élèvera d'un degré à l'autre, sur l'échelle ascendante?

Est-ce à dire qu'il n'y aura pas des obscurations des stérilités, des peines, et que ce beau tableau n'aura point des coins d'ombre inquiétante?

Est-ce à dire que dans l'amour, on ne regrettera jamais la solitude et qu'on ne se repentira pas de s'y être voué? Est-ce à dire enfin que le bonheur soit-là? Non.

Le bonheur ressemble au chef-d'œuvre, on n'est jamais certain de sa qualité; et il n'est pas dans la nature de l'homme un seul mouvement qui ne projette un regret.

Du moins l'amour, conduit avec la volonté de la perfection, offre la plus grande probabilité heureuse qui soit à notre portée.

Il obéit aux lois de la création, il s'harmonise avec les théories les plus hautes du devenir : et c'est la seule activité qui échappe à la malignité humaine et que la tyrannie du nombre ne puisse atteindre.

La *Genèse* nous conserve, à l'état d'allégories, la plus antique sagesse. Nous y voyons que l'homme n'aurait pu évoluer sans son dédoublement. Initialement, point de sexe; l'androgyne commence l'humanité, certainement il la termine (1), et l'amour seul amène cette terminaison.

(1) De l'*Androgyne*. Sansôt, 1910.

De l'abolition du couple date la vie future. Quelle certitude, dira-t-on? La même qui meut l'Occident, depuis vingt siècles, qui a érigé les cathédrales et inspiré tant de chefs-d'œuvre.

Nous flatter d'une plus grande lumière que les pontifes de Memphis ou qu'un Dante, c'est une infatuation puérile. Acceptons le vieux livre : mais sachons le lire dans son esprit ou plutôt dans l'esprit de la Nécessité qui nous étreint.

On tirerait, avec un peu d'application, du sermon sur la montagne, les mêmes clartés qu'on trouve dans la *Genèse*.

Le mystère échappe à notre esprit, parce que l'application nous manque.

Cette renonciation à la richesse qui constitue la première béatitude, vous la trouverez pathétiquement figurée dans l'*Or du Rhin* où les dieux eux-mêmes doivent choisir entre Fréia et l'anneau de la puissance.

Seul commandera au monde qui a renié l'amour : mais ce reniement entraîne des conséquences telles, que le possesseur de la puissance matérielle devient un dragon ; il passe de l'être de géant à celui de monstre : métamorphosé par son désir il n'est plus que le hideux gardien d'une force inutile. Fafner possède et il dort, et parce qu'il dort, c'est-à-dire parce que son activité a cessé, il périra sous l'épée du héros.

L'œuvre d'art, pour un mathématicien se forme

des coqsigrves de l'imagination : et dans la sphère pédante, une idée de poète n'a d'autre valeur que son éclat.

Grave erreur que de croire à l'incohérence ou même à la liberté de l'inspiration. Le talent fait peut-être ce qu'il veut : le génie, jamais.

Il reste, à son insu, le héraut du mystère, et Wagner si inconscient de toute métaphysique qu'il n'a pas voulu une croix sur sa dalle funèbre dans ses onze opéras, n'a pas une seule fois cessé un rôle incomparable de hiérophante, c'est-à-dire de révélateur, tandis que ses opuscules théoriques fourmillent d'erreurs, de vues médiocres, de jugements faux.

Qui niera, que pour les modernes, l'amour soit le seul thème du théâtre et du roman et que le public ne s'intéresse pas à un autre ? Cette unanimité prend une signification impérieuse, si nous la comparons à l'inspiration du théâtre athénien. S'élever au-dessus de son temps est nécessaire, mais croire qu'on en sort et qu'on remonte le cours des siècles à son gré, pour devenir un personnage d'antan, illusion vraiment dangereuse. L'initiation nous engage à un dessein plus logique, lorsqu'elle nous conseille de tirer le pur de l'impur et de transmuer les éléments du temps et du lieu, en clé idéale.

Autrefois existèrent des foyers passionnels où l'individu se réchauffait : la société où les honnêtes

gens sont devenu incapables de former... même
une société secrète, rend chacun à lui-même : c'est
le sauve qui peut de l'individualisme ; et il ne
s'épanouit nulle part, plus complètement, que dans
l'amour.

XII

DE L'ENFANT

*Nous ne trouvons pas dans la vie, les marques
de notre Père céleste. Il n'y en a qu'une, le
don de la vie éternelle.*

*Les pères chrétiens s'identifient trop aisément
à l'Eternel ; eux aussi croient assez faire en
donnant la vie. Ils doivent l'assurer.*

*Les devoirs du Père sont tous, au-delà de la
fécondation.*

L'Amour est un mystère ; la fécondation en est
un autre. Aimer et engendrer ne sont pas des synonymes, ils n'offrent même que des rapports
rares et fortuits.

Les larmes de crocodile que versent les députés et
les sénateurs sur la dépopulation, manifestations
électorales ou de carrière sont drolatiques, ces gens-
là, ayant bâclé leurs lois en haine de la famille.
L'Etat vole le patrimoine, sous forme fiscale, il
renonce au droit de jamais parler du foyer.

M. le curé, officier sacramentel et représentant

du ciel, n'a pas qualité pour régir des matières aussi éloignées de ses études et de sa fonction.

Que l'enfant soit le fruit de l'amour et son couronnement, cela ne fait aucun doute.

L'homme n'a pas de plus haute prérogative que celle de ressusciter par la procréation ; nul ne renonce volontiers à accomplir ainsi sa destinée idéale.

Mais beaucoup doivent céder à la voix de leur conscience qui les dissuade pour des raisons physiques ou sociales. Combien n'ont pas le droit d'engendrer, malades ou infirmes : pour donner la vie il faut la posséder, être à l'état de santé.

Avant de mettre au monde un être il faut assurer son sort. L'ouvrier manuel, l'électricien, le typo, le tailleur de bois, voilà le coq en pâte de notre civilisation : et on peut faire des enfants s'ils doivent être des ouvriers ; car ils ne souffriront point d'obéir à leurs pareils, et la société leur assure une place dans ses cadres.

L'ouvrier peut être honnête et vivre : je crois même que l'honnêteté le sert et le servira davantage, dans les temps de sabotage universel qui s'annoncent. A cette heure, dans un quartier, le manouvrier consciencieux est un personnage, on ne lui parle que pour le flatter, on le porte sur la paume des mains, quand on l'emploie.

Le lettré, du poète au professeur, ne peut plus être honnête et vivre ; les riches ont domestiqué l'intelligence française ; et nul ne peut ni écrire, ni enseigner librement, s'il doit vivre de son discours.

Un père qui attend le secours d'en haut pour ses enfants n'est qu'un paratre fantasque.

Donner la vie, c'est un crime, quand on n'a pas les moyens de l'entretenir. Qui s'en remet à la Providence est un fol. Nul pacte n'existe entre elle et nous, du moins pour la vie terrestre.

Les clercs, là-dessus, ont beaucoup prêché, sur la foi d'un verset douteux qui n'a pas le sens de la Vulgate ; et aucune parole de Moïse n'engage la foi chrétienne.

J'ai préconisé autrefois la casuistique, mon jugement diffère maintenant.

Deux exemples suffiront à édifier le lecteur :

« On demande si un mari peut tenir compte de la déclaration des médecins, lorsqu'ils disent que la femme ne pourra accoucher sans courir un danger mortel. Tous les théologiens répondent pour la négative.

« L'obligation de subir l'opération césarienne est-elle réelle et positive pour la femme ? La plupart des théologiens se prononcent pour l'affirmative. »

Enfin, un dernier trait. En 1864, le docteur Thirion, de Namur, proposa ceci.

« L'opération césarienne que le prêtre isolé est obligé de faire immédiatement, après la mort de la femme afin de baptiser l'enfant, doit être abolie et remplacée par le procédé vagino utérin. » A quoi, le Père Debreyne, savant maechiologiste, répond : « Si la femme meurt il n'en faudra pas moins faire la section césarienne puisqu'il sera impossible de savoir si l'eau a été mise en contact avec la tête du fœtus, et tant qu'on n'aura pas acquis cette certitude, le baptême doit être réputé douteux. »

Quels commentaires conviendraient ? Le mari qui paye la vie de l'enfant par la mort de la femme est un monstre. Le prêtre qui exhorte la femme a l'opération césarienne est un autre monstre. Quant au révérend père qui croit que la vertu du baptême ne traverse pas les tissus, c'est un matérialiste qui déshonore la Foi.

La Théologie morale offense notre sensibilité dans sa plus haute sphère. Quelle discussion serait possible avec ces théologastres qui ont un autre cœur que le nôtre, et dirai-je aussi, une autre foi !

Nous, pauvres pêcheurs, nous montons à un autre point de spiritualité ! Nous sentons une femme se donner dans un regard, nous estimons l'avoir possédé en un seul baiser des lèvres ! Eux docteurs et pasteurs, se figurent que la grâce infuse au sacrement a besoin d'une goutte d'eau, et que si cette goutte ne tombe pas sur la tête, la grâce ne descend point. O ! théologues de peu d'amour, venez apprendre des enfants du siècle la véritable notion de l'esprit.

Nos amours ont des instants plus séraphiques que les sacrements, tels que vous les défigurez.

L'Amour vous l'avez réduit à de vilains mots *consommatio aut non consommatio.* Cela prouve votre incompétence. Ce qu'il y a de plus décisif, réfléchi, ressenti dans l'amour, vous le venialisez ; et vous déclarez mortel le moindre délit, le plus inconscient. Vous vous êtes trompé et votre théologie morale nous scandalise et nous feraient retrograder dans la voie de justice, si nous la suivions.

La décadence religieuse n'a d'autre source que le séminaire : là on éteint la sensibilité pour obtenir la rectitude ; là on tympanise les jeunes intelligences, selon une fausse idéalité : et le confessionnal, chaque jour, nous renvoie des échos attristants, dès qu'on y agite les questions sexuelles.

Sur le devoir d'engendrer à tout prix, en tout temps, la doctrine ne transige pas. Mais ce devoir qu'elle impose aux époux, elle l'étend aux fornicateurs, sous prétexte, que le fruit de la fornication peut devenir un fils de la grâce : et le génie de l'église conspire avec le fameux génie de l'espèce !

Le plus grand crime qu'un homme puisse commettre après l'homicide, c'est la procréation, sans volonté absolue de paternité.

Engrosser une vierge, qu'elle soit rustaude ou servante, c'est impardonnable. Vouer une pucelle aux douleurs de la grossesse, aux transes de la maternité, aux difficultés de toutes sortes qui en résultent, et en même temps jeter dans la vie un être dont on n'assume pas la destinée, cela me paraît un péché irrémissible.

Que deux jeunes êtres s'aiment et se possèdent de quelque façon que soit, je n'ai pas à décider de leur témérité. Il suffit que j'appelle cela une témérité, pour indiquer le péril couru. Le devoir masculin ici ne fait aucun doute : qu'il respecte la destinée de la vierge, et surtout qu'il ne crée pas une nouvelle destinée, par ricochets et au hasard de l'organicité.

Une civilisation peut être lascive, lubrique, orgiaque même ; il ne doit pas y avoir de filles-mères même parmi les filles professionnelles.

Voilà la vraie morale.

La Procréation devrait être un sacrement ; en tout cas, c'est l'acte le plus solennel que l'homme puisse accomplir. Pontife de la vie, il ne s'en remettra pas au hasard des nuits, en haut ; à l'effet de l'alcool en bas, pour une fonction si haute.

Des races plus réfléchies que la nôtre, ne confondirent pas le mystère de la génération avec l'état concupiscentiel ; et pour être bien précis, ils ne faisaient pas l'amour et l'enfant en même temps (1).

(1) L'art de la naissance et l'art de la mort, en préparation pour la suite de l'*Amphithéâtre des sciences mortes*.

Dès que le dessein d'engendrer était arrêté entre le père et la mère, ils cessaient un moment d'être époux. Une trève amoureuse commençait et, en même temps, une sorte de retraite analogue à celles du catholicisme : ils allaient présenter leur dessein aux dieux, les priaient, et se faisaient purifier par les pontifes, qu'ils interrogeaient sur la date favorable. Dès qu'elle était fixée, ils s'écartaient des assemblées, recueillis et tout à leur vœu. S'ils voulaient un fils, ils savaient que le rite devait avoir lieu de jour et aussi que la femme devait devancer l'époux, au rhythme sexuel.

A ce moment, le lit était un autel ; et l'étreinte une cérémonie : il ne s'y mêlait aucune lascivité. L'époux pontifiait, n'ayant en pensée que son office de rénovateur de la vie.

Il existe une Providence, une loi préétablie qui nous domine, mais le point de départ et le point d'arrivée que décrit sa parabole nous échappent : et à circonscrire sa perception à notre vie terrestre, le vieux nom qui vaut encore, c'est bien l'ananké.

Ananké physique : nous héritons d'un organisme qui est une première fatalité. Ananké sociale : nous subissons la déformation de nos parents, de nos maîtres, de nos milieux. Que reste-t-il au libre arbitre ? Est-il semblable de l'un à l'autre ? et d'une heure déterminée à la suivante ?

En outre des fatalités qui échappent à nos prévisions, il y a les responsabilités que nous assu-

mons consciemment, et parmi elles, nulle de plus
redoutable que d'engendrer.

Donner la vie, c'est s'engager à l'entretenir, non
pas quelque temps, et dans une certaine mesure,
mais tant qu'elle dure et selon la nécessité ; c'est
aussi assumer une autre responsabilité, tout
l'inconvénient que la grossesse implique à la mère :
et le commandement :

> Œuvre de chair ne désireras
> qu'en mariage seulement.

a beaucoup moins d'importance que celui-ci :

> Œuvre de père ne désireras
> qu'en mariage seulement.

Aimer ce n'est pas seulement jouir d'un être,
qui jouit de vous, c'est s'élever par lui, en l'élevant
avec soi.

Ce concept s'éloigne tellement de ce que le
théâtre moderne nous montre qu'il faut peut-être
l'expliquer.

Lorsque dans le mariage, la femme s'ingénie, se
dévoue et se dépense pour sauver, consolider,
accroître le foyer ou l'état familial, on dit qu'elle
a fait son mari.

Dans son rôle d'associée et de compagne sociale
la parisienne est un être incomparable : capable
de tout, avec la même perfection, négoce, confi-

ture, amour ; et quoique attelée souvent au même joug que l'homme, elle retrouve instantanément ses caractères d'être de luxe.

Aimer, ce sera donc faire, pour la perfection morale, le même effort qu'accomplit la française au profit du foyer, s'ingénier, se dévouer, se dépenser, pour consolider et accroître le foyer animique et la qualité de la tendresse, sans cesser les manifestations d'amante.

L'évolution amoureuse commence de l'instant où on se propose un idéal d'existence commune, où l'on a le même souci de la beauté de l'âme que de celle du corps et où on jouit de l'une et l'autre.

La femme n'a pas le goût de l'art, ni la notion de la beauté plastique ; mais elle est sensible au plus haut point à la noblesse du caractère, à l'homme intérieur : elle a besoin d'estimer son époux et n'atteint au bonheur que si elle peut l'admirer.

L'art de s'élever consiste à substituer à un mobile inférieur un autre qui le dépasse : à s'émouvoir d'un mouvement généreux de l'âme, comme on admire un mouvement gracieux du corps.

Il est un arcane de psychologie plastique qu'il convient d'avoir toujours présent : il n'y a rien d'indifférent et il n'y a point d'immobilité possible.

On doit compter avec les réflexions sceptiques. Un lecteur se dira : « Je vois bien où commence cette évolution, mais où finit-elle, et quel profit trouvera-t-on à continuer un pareil entraîne-ment ? » D'abord l'évolution d'un être immortel est indéfinie, au contraire, de l'involution qui a un terme, le néant.

En vain objecterait-on qu'aucune certitude ne permet de tabler sur le devenir et que l'immorta-lité n'est qu'un rêve, un désir de l'homme. Soit ! Mais ce rêve, les plus insignes représentants de l'espèce l'ont tous fait. Qui oserait se séparer d'eux, et sans aucune certitude adopter le matérialisme, laid et stérile ?

La beauté tient lieu d'évidence ; ce qui est beau a les plus grandes présomptions d'être vrai. L'homme serait-il l'inventeur de l'idéal. ce serait encore folie de le repousser ; car, cette invention n'a pu naître que d'un besoin de l'humanité, qui s'appauvrit, s'attriste et s'égare, si on lui enlève ce principe d'évolution.

Et la science de l'Amour n'est ni plus ni moins que celle de l'évolution individuelle. Je n'ai pensé qu'à l'individu, dont j'ignore tout, mais qui m'est cher, par sa nature même, puisque je lui parle, en qualité de petit frère spirituel, comme dirait mon maître d'Amour.

A SAINT FRANÇOIS D'ASSISE

Frère bénin, frère divin, permets que je t'évoque.

Si je te vénérais, comme les autres bienheureux, je n'oserais mêler ta figure séraphique à mes imaginations. Non, l'idée de respect est loin, lorsque je pense à toi.

Te vénérer, pourquoi, puisque je t'aime ?

Je t'en ai donné un gage, pauvre gage, puisque je n'ai pu rendre le siècle attentif au portrait, que j'ai fait de ta sublimité. Toi qui n'as jamais rien dédaigné que l'or, tu sais le prix de l'amour, de la plus petite chose d'amour ; et si j'avais besoin d'émouvoir ton adorable cœur, ne suffirait-il pas que j'ai honoré Dame Claire, ta pure Dame, la première des Béatrice.

Je t'ai fait ma prière cette fois-là, de toute mon âme, de tout mon art. Elle n'est pas de celles qui montent et se résolvent dans l'air, comme la fumée d'un sacrifice. D'autres la rediront un jour, comme plusieurs déjà l'on fait. Je n'en aurai pas la gloire mais l'encens en flottera jusqu'à tes autels ; à tes pieds stygmatisés on viendra, en mon nom, en mon vœu. J'ai sur toi tous les droits de l'amour ; que tu sois au sommet de la hiérarchie, et plus près de Jésus qu'aucun autre, que m'importe ; et que t'importe que je sois un pécheur déplorable, un artiste imparfait. Je ne t'aime pas pour ta sainteté et tu ne me dédaigneras pas pour mon indignité. Tu serais encore plus grand et plus pur, je serais encore plus minime, et impur, que nous sommes frères ; je t'aime et ton cœur ne peut repousser un cœur épris.

Je sais que je scandalise au lieu d'édifier : pour ceux du siècle comme pour ceux du sacerdoce, je commets un acte insensé, en t'invoquant en ces pages profanes.

O mon saint, toi aussi, tu as scandalisé, tu chantais pour mourir, tu demandais de la musique en tes douleurs : tu semblas profane à des yeux bridés. O génie chrétien, avec quelle pieuse liberté, tu élargis les lisières cléricales sans les briser : avec quelle obéissance de fait, tu maintins toujours ta volonté lumineuse !

Tu es ici, pour ton office de saint. A toi de pallier les erreurs de ton tout petit frère de lettres, qui ne vaut pas le cuir de ta sandale mais, qui sais ton incomparabilité.

Tu es ici, François, parce qu'il n'y a pas d'autre maître d'amour, que toi, ni d'autre docteur. Tu as aimé Dame Claire jusqu'au jour ou Jésus t'appela.

Tu aurais été Tristan, si tu n'étais François : voilà ton surhumain prestige, et ce qui te rapproche de nous pauvres pécheurs, toi, écrin vivant des vertus.

Les autres bienheureux, en montant, semblent nous avoir quittés, comme ces parents qu'une fortune inouïe sépare de leur famille : toi, qui as fait descendre le ciel dans ton cœur et qui as porté vivantes, souffrantes, saignantes. les cinq plaies du Sauveur, tu restes, notre petit frère, là haut comme tu le fus ici-bas. Le nimbe d'or ne te va pas, tu es nimbé de flammes, homme d'amour ; et je m'approche de toi, comme la plante se tourne vers le soleil.

« Le feu ne connaît pas le froid et la lumière ignore l'ombre » a dit un maître qui t'aima, et tu n'as pas connu le mal, toi qui créais le bien. Tu as apprivoisé le loup de Gubbio, et tu as imposé le silence aux oiseaux et tu as un moment changé des poissons en fidèles, délicieux magicien, dont la vie semble un conte.

Tu as vu Dieu et tu n'as pas méprisé les créatures, tu as aimé la fleur, la bête, l'élément ; et ta fraternité sublime, en s'élevant aux cieux, n'a pas cessé d'embrasser la nature. Ton cœur a tout touché, tout chéri, tout chanté ; et l'œuvre des sept jours se partage ton âme avec le Créateur.

Je ne t'ai point aimé pour ta gloire, et la puissance de ton intercession ; j'ai cherché ta pensée à travers les secrets de l'histoire : et dans le cœur de notre Parthéna, c'est toi que j'ai trouvé ; c'est toi qui inspiras la tertiaire de Domrémy ; tes clarisses ont sauvé la France, frère François (1) et l'art italien est né de ton génie, maître du Giotto !

Et moi qui ai longtemps cherché la clé des grands mystères dans la Kabbale, même après que le sphinx eut parlé, je n'ai trouvé qu'en toi le vrai ésotérisme, ô mage véritable, thaumaturge certain, clarté d'aurore au monde de l'esprit.

Si j'écrivais, ô maître, ta louange, je mettrais de nouveaux fleurons à ta couronne, que le vulgaire encore n'a pas vus ; car tu es plus qu'un saint et comme un truchement entre l'éternité et notre terre.

Si demain, ceux qui parlent de progrès et de bien montraient un cœur sincère, on verrait inscrit sur leur bannière les mêmes signes qui chassèrent l'anglais ; et on effacerait ces mots menteurs de progrès, de justice.

Tout ce qui vient du ciel s'appelle charité ; et tu es son vivant miracle, homme d'amour, réel surhomme, époux de dame Pauvreté.

Tu commenças ta vie en chantant, en aimant, en riant : tu as été le plus grand troubadour et un parfait amant, et pour ta grâce et ta générosité, le prince de la jeunesse d'Assise.

(1) *Le secret de Jeanne d'Arc*, 1 vol. de « la chaîne des traditions », Sansot.

Arrêtons ici ton histoire : elle serait belle encore. Dieu y manquerait, sans doute : mais les muses sont sœurs des anges ; les cordes de la lyre, en vibrant font au bruit des prières.

D'autres avant toi, inscrivirent en leurs vœux d'excellence, celui de pauvreté ; toi, poëte toujours, tu en fis une Dame, et puis tu l'épousas à la face du siècle, excentrique sublime, céleste, scandaleux, d'abord habillé d'oripeaux flamboyants ensuite tout couvert de vertus éclatantes, ô saint original, ô saint fantasque, saint romanesque et bizarre, inimitable et radieux jongleur !

Et tu aimas ta Dame, autant que Tristan son Yseult ; et tu la fis aimer.

Tu ne l'épousas pas d'un mariage mystique comme on dit en piété, tu l'épousas d'un mariage physique, avec tous ses haillons, avec toutes ses peines ; tu ne possédas rien du jour où tu l'aimas ; tu n'eus ni toit, ni pain, ni habit, tu vécus comme un de ces oiseaux que charmait ta parole, et ton vœu s'épanouit aux yeux du monde stupéfait, comme un défi suprème.

Tu pouvais tout, même changer la bête en homme et l'homme en ange : tu savais tout, même obéir à Dieu, sans lutter contre Rome ; et tu créas une autre Galilée dans l'église des Césariens.

Un flot de sang jaillit au nom de Dominique, le chien enragé du Seigneur qui déchira la chair et dédia au ciel la puante fumée des supplices.

Toi, tu n'as pas fait couler une larme en ta vie, et tu n'as pas coûté une goutte de sang; tu ignoras toujours l'hébraïque anathème, tu fus maître d'amour, tu fus l'amant de tout ce qui respire, et ton cœur où se mêle l'influx divin à la pitié des créatures serait le cœur de Dieu, si Jésus n'était pas.

Toi seul a pénétré le secret du Calvaire, toi seul a su redire le verbe de Jésus; les peuples en te voyant l'ont cru ressuscité; l'Ombrie devint la terre sainte, tu semblais un nouveau Messie.

Hélas, Frère François, de toute la pensée, qui donc aujourd'hui se souvient? On t'honore, on t'invoque tu es le Saint; mais ton génie fait peur, aujourd'hui comme alors, que tu tiras du Pape, en présentant ta règle « Frère, c'est impossible ».

En effet, nul effort ne soulève aucun homme de son indignité, il n'est au monde qu'une force qui puisse transporter les monts, et plus lourds que les monts, les cœurs alourdis au contact de la terre; et cette force, c'est l'Amour.

Voilà pourquoi ton nom sacré, je l'ai écrit comme une invocation, comme un hommage, comme un pentacle et comme talisman, ô Patron de l'amour et son modèle insigne, vivant blason de charité, le plus divin des êtres.

Mon pauvre livre indique la première étape de l'âme qui cherche l'Orient, escabeau pour le nain, degré pour qui s'embourbe : j'ai prêché l'unité

dans l'amour humain et exhalté la loi du couple.
Cela n'est pas encore sublime. O Frère, mais c'est
bien le chemin qui mène à Monsalvat, c'est la
lumière tamisée pour les faibles yeux ; et cette
simple loi, c'est encore un reflet des cieux.

L'Amour est bien la vie, la voie et la lumière, et
pour le rendre pur, il faut qu'il soit ardent et qu'il
use et consume toute sa matière, et non pas qu'il
soit tempérant.

Aux baisers des amants que la charité naisse : et
que la volupté nous force à concevoir la joie plus
haute des esprits.

Ce corps, ce que tu nommais frère *âne*, ô séraphique, doit nous servir à porter notre esprit
jusqu'à cette hauteur, où s'aperçoit le céleste
horizon, qui se reflète aux yeux de la personne
aimée, et apparaît comme un ange benin au couple
qui s'adore.

Oh ! ce n'est pas le but ; et celui qui cherche l'infini dans un être aussi faible que lui, se leurre ;
mais on pense plus volontiers au Créateur, dans les
moments heureux, et pour l'aimer ne doit-on pas
cesser d'abord de le craindre ?

Il faut aimer c'est le commandement et tu aimas
d'abord la gaieté avec ses habits éclatants, et Claire
des Sciffi aux doux yeux innocents ; tu fus le
jeune homme du siècle, avant de devenir le frère du
Sauveur : permets aux autres tes erreurs. Le Giotto a
commencé, berger que le génie hantait, à dessiner

ses chèvres aux parois des rochers ; et toi même avant de concevoir ton vœu de sainteté, tu fus un amoureux, et ton cœur s'exerça auprès des créatures, lui qui devait se dédier au Créateur.

· Seul le feu est pur, seule la flamme est chaste. Vaine et triste notion que de jeter de l'eau et de la cendre sur le rougeoyant cœur de l'homme. Qu'il flambe et il sera purifié.

Le véritable amour siège au-delà des sens, mais son séjour est loin, et la route escarpée, acceptons que frère âne nous porte et raccourcisse la montée.

A défaut du charbon Isaïque et du buisson ardent, le baiser purifiera nos bouches et dans nos efforts de désir, l'ombre de Dieu apparaîtra ; et nous voudrons alors accorder notre cœur sur l'harmonie du monde, et préparer nos joies d'éternité, en les transfigurant ; et les amants s'efforceront de devenir des anges.

Ayant appris l'amour, ils sauront l'exprimer à celui qui n'a donné qu'un ordre, un seul : « aimez ».

Comment es-tu si clair, mon maître, toi qui n'as pas écrit ? Nulle théologie dans ta légende ; sur aucun point subtil on ne peut te citer : car toi, et tes frères, vous n'avez jamais discuté.

Tu acceptas un maître, et tu l'as imité : pour te suivre il n'y a qu'à t'aimer : ta vie a la simplicité du chef-d'œuvre, fait tout seul, sans nul effort : marque vraiment divine.

« Que la lumière soit, et la lumière fut ! » Que

l'amour soit, d'abord, à tout prix, et il fera de la lumière. N'est-ce pas ta pensée, frère François ? Jésus acceptera que deux cœurs s'unissent pour le mieux refléter.

Au Paradis d'Angelico, on voit des couples que l'amour humain a formés, et que l'amour divin, au sortir de la vie, confirma.

Le paradis est-il ouvert aux âmes amoureuses ? quel sera le salut de Tristan et d'Yseult ?

Ah ! ce n'est pas un doute que j'exprime, et Dieu aime les cœurs qui aiment et se complait en eux ; pourvu que nul n'oublie ce qu'il doit au père celeste. Que les passions de la terre, au-dela de là mort, aient le rhythme des cieux ; et quand, pauvres pécheurs, nous cherchons sur la bouche d'un être élu une ivresse tremblante, nous épelons le nom de Dieu.

Tous les fruits de la chair ne sont que pour tromper la sainte avidité du cœur ; ils calment notre soif, ils ne l'étanchent pas, car notre soif est immortelle, et nous voulons l'éternité.

O l'amour éternel comment le concevoir ! Le mystère n'est pas un défi, comme on croit, c'est un voile que le Seigneur jeta sur ses terribles lois, afin que nous ayons courage et que nous marchions dans la foi. L'amour est le premier aspect du secret qui nous environne, énigme dont le mot n'est connu que là-bas où le vieux gibelin a passé, audessus des étoiles.

Maintenant, je t'ai ouvert mon cœur, adoré petit frère : je jure que mon vœu fut un vœu de lumière et que j'ai bien pensé à toi en écrivant ; et que je n'ai jamais oublié Jésus, un seul instant.

Toi seul as possédé la science d'Amour, je croirais te blasphémer, me disant ton disciple. Tout le bien qui se trouve ici, ô mon frère, est un reflet de ton esprit : et tout le mal reste ma part dans l'œuvre.

Ton grand nom ne doit pas me servir d'égide. Qu'on me blâme. Je t'ai fait ma prière avec humilité, et on ne doit rien voir ici que ma sincérité. J'ai voulu dire au siècle, ô François, que je t'aime !

TABLE DES MATIÈRES

—

Saint-Amand (Cher). — Imprimerie Bussière.